語源クイズ
わたしはなんでショー

WATASHI WA NANDE SHOW

1
もともと人名です

企画・監修
倉本美津留

クイズ作成
上田るみ子

イラスト
タナカカツキ

もくじ

レベル1

レベル 2

レベル3

レベル1

おなじみの言葉《ことば》の意外《いがい》な語源《ごげん》、知《し》ってました？

レベル

クイズ1

わたしは、みなさんに人気《にんき》の食《た》べものです

わたしは、**みなさんに人気《にんき》の食《た》べもの**ですが、わたしの名前《なまえ》は、じつはもともと**人《ひと》の名前《なまえ》**です。かんたんにつくれて、**手軽《てがる》に食《た》べられる**わたしは、**持《も》ちはこびにもとても便利《べんり》**なんですよ。そのうえ、しゅるいもいろいろあるんです。コンビニエンスストアなどで、ずらりと並《なら》べられたわたしを見《み》かけたこと、あるんじゃないかな。

そんなわたしの名前《なまえ》は、**イギリスの伯爵《はくしゃく》**の名前《なまえ》からつけられたんです。伯爵《はくしゃく》はトランプ遊《あそ》びに夢中《むちゅう》で、**食事《しょくじ》の時間《じかん》ももったいない**くらい。そうはいっても、おなかは空《す》きます。そこで、ゲームをしながら**片手《かたて》で食《た》べられる**わたしが伯爵《はくしゃく》のために考《かんが》え出《だ》され、伯爵《はくしゃく》の名前《なまえ》がそのままわたしの名前《なまえ》になったというわけです。

さて、わたしの名前《なまえ》はなんでしょう?

JOKER

こたえは

「サンドウィッチ」

うすく切《き》ったパンの間《あいだ》に**ハムや野菜《やさい》、卵《たまご》などをはさんだ食《た》べもの**、それがわたし。パンに具《ぐ》をはさむわたしのような食《た》べ方《かた》はとっても古《ふる》くって、なんと**一世紀《せいき》ごろからあったん**だって。ユダヤ教《きょう》の記念日《きねんび》に「子羊《こひつじ》の肉《にく》とハーブを平《ひら》たいパンにはさんで食《た》べた」という記録《きろく》があるそうです。

そんなわたしに、ついに名前《なまえ》がつきました。**「サンドウィッチ伯爵《はくしゃく》」**というイギリスの貴族《きぞく》が、お腹《なか》がペコペコになってもトランプをやめられなくて、なんとか**その場《ば》で食事《しょくじ》ができないか**と考《かんが》えたからです。そこで、パンの間《あいだ》に牛肉《ぎゅうにく》をはさんでみたら、**「片手《かたて》で食《た》べられて、指《ゆび》もよごれない。これならトランプができるぞ」**と大《おお》よろこび。それが最初《さいしょ》のわたしで、そのことがうわさとなって、またたくまに広《ひろ》まっていったそう。それで、伯爵《はくしゃく》の名前《なまえ》がそのまんま、わたしの名前《なまえ》になっちゃったんです。そうして、数年後《すうねんご》には、イギリスの多《おお》くの家庭《かてい》でわたしがつくられるようになったんだって。**たいへんな大《だい》ヒット**ですよね。

1718年《ねん》～1792年《ねん》

もっとも、この話《はなし》、今《いま》も続《つづ》くサンドウィッチ伯爵家《はくしゃくけ》では、「この話《はなし》はまちがっている。海軍大臣《かいぐんだいじん》の伯爵《はくしゃく》は、とてもいそがしかったため、仕事《しごと》をしながら食《た》べられるようにと考《かんが》え出《だ》したのだ」と伝《つた》えられているそうです。

ちなみに、現在《げんざい》ハワイと呼《よ》ばれている島々《しまじま》は、最初《さいしょ》は「サンドウィッチ諸島《しょとう》」と呼《よ》ばれていたそう。伯爵《はくしゃく》が、この島《しま》を見《み》つけるために必要《ひつよう》なお金《かね》を出《だ》していたからなんだって。ハワイが、昔《むかし》はわたしとおなじ名前《なまえ》だったなんて、びっくりですよね。

ジョン・モンタギュー
第《だい》四代《だい》サンドウィッチ伯爵《はくしゃく》
イギリスの貴族《きぞく》・政治家《せいじか》

レベル

クイズ 2

わたしは、とくべつな写真《しゃしん》です

わたしは、**とくべつな写真《しゃしん》**ですが、わたしの名前《なまえ》は、**人《ひと》の名前《なまえ》**なんです。なにがとくべつかって？　体《からだ》の中《なか》の**骨《ほね》や内《ない》ぞうが写《うつ》る**んですよ。体《からだ》の外《そと》からでは見《み》えないケガや病気《びょうき》がわかっちゃうんだから、すごいでしょ。はじめてわたしを見《み》た人《ひと》たちはびっくりぎょうてん、**世紀《せいき》の大発明《だいはつめい》**と大《おお》さわぎになりました。わたしのおかげで、お医者《いしゃ》さんは人《ひと》や動物《どうぶつ》の体《からだ》を切《き》らずに**病気《びょうき》を見《み》つけられる**ようになりました。機械《きかい》の故障《こしょう》も見《み》つけられるようになったし、あやしい荷物《にもつ》を開《あ》けずに、爆発物《ばくはつぶつ》みたいな**危険《きけん》なものを見《み》つけられる**ようになりました。

そんなわたし、**X線《エックスせん》**という**目《め》に見《み》えない光《ひかり》**をつかって写《うつ》されるんだけど、**その光《ひかり》を発見《はっけん》した物理学者《ぶつりがくしゃ》**の名《な》が、そのままわたしの名前《なまえ》になったというわけ。さて、わたしの名前《なまえ》はなんでしょう？

こたえは

「レントゲン」

わたしの正式《せいしき》な名前《なまえ》は「X線写真《エックスせんしゃしん》」とか「X線《エックスせん》」っていうんですけど、「レントゲン」っていう名前《なまえ》のほうが、みんなは知《し》っているかな。この名前《なまえ》は「ウィルヘルム・レントゲン」というドイツの物理学者《ぶつりがくしゃ》からもらったんですよ。

レントゲン博士《はかせ》は、実験《じっけん》の最中《さいちゅう》にぐうぜん放射線《ほうしゃせん》の一しゅである光《ひかり》を発見《はっけん》。正《しょう》体《たい》がよくわからないという意味《いみ》の「X《エックス》」の記号《きごう》を使《つか》って、その光《ひかり》をX線《エックスせん》と名《な》づけました。1895年《ねん》のことです。この光《ひかり》を当《あ》てると、皮《ひ》ふを通《とお》して体《からだ》の中《なか》の骨《ほね》が写《うつ》ることに気《き》づいた博士《はかせ》が、妻《つま》のアンナ・ベルタの手《て》にこのX線《エックスせん》を当《あ》ててみたら、おどろくべきことに、指《ゆび》にはめていた金《きん》の結婚指輪《けっこんゆびわ》どころか、指《ゆび》の骨《ほね》まで写《うつ》っちゃった！　この一枚《まい》の写真《しゃしん》が、わたしが世《よ》に出《で》るきっかけとなったんです。この写真《しゃしん》はたいへんな話題《わだい》になり、手《て》のレントゲン写真《しゃしん》をとることが大流行《だいりゅうこう》、レントゲン用《よう》の写真館《しゃしんかん》ができちゃったんだって。

博士《はかせ》は、特許《とっきょ》をとれば大《おお》もうけできたのに、「科学《かがく》は、世《よ》の人《ひと》びとのためにある」

1845年《ねん》〜1923年《ねん》

といって、わたしの発見《はっけん》をひとりじめしませんでした。それで、わたしはあっという間《ま》に世界《せかい》に広《ひろ》まり、いろんな研究者《けんきゅうしゃ》が自《じ》由《ゆう》にわたしをつかって、さまざまな技術《ぎじゅつ》を開発《かいはつ》しました。今《いま》では**病院《びょういん》の健康診断《けんこうしんだん》**や**空港《くうこう》の手荷物検査《てにもつけんさ》**などさまざまな分野《ぶんや》で大活《だいかつ》やく。わたしは、大《おお》いに世《よ》の中《なか》の役《やく》に立《た》っております。

レントゲン博士《はかせ》はほんとうに欲《よく》がなくて、受賞《じゅしょう》した**「第《だい》一回《かい》ノーベル物理学賞《ぶつりがくしょう》」**の賞金《しょうきん》もぜーんぶ、自分《じぶん》のつとめる**ドイツの大学《だいがく》に寄付《きふ》**しちゃったそうです。

ウィルヘルム・レントゲン
ドイツの物理学者《ぶつりがくしゃ》

レベル

クイズ 3

わたしは、机《つくえ》の上《うえ》でつかわれる道具《どうぐ》です

わたしは、おもに**机《つくえ》の上《うえ》でつかわれる道具《どうぐ》**ですが、わたしの名前《なまえ》、じつは**人《ひと》の名前《なまえ》**なんです。

わたしは、なん枚《まい》かの紙《かみ》をまとめて、とじるのにつかいます。**紙《かみ》をとめる道具《どうぐ》**にはのりやセロハンテープ、クリップなどいろいろあるけど、わたしのばあいは、ボディに**「コ」の字《じ》の形《かたち》の針金《はりがね》**をセットし、それを紙《かみ》に打《う》ち込《こ》んでとめちゃうんです。つかい方《かた》はかんたん、**片手《かたて》で持《も》って親指《おやゆび》でパチッ**と一発《いっぱつ》、おすだけです。なんどもくり返《かえ》しパチパチとめられるから、**「しごとがどんどんはかどるね」**って、みなさんによろこばれてます。

そんなデキるわたし、わたしをつくって売《う》り出《だ》した、**ある兄弟《きょうだい》の名前《なまえ》**をもらっちゃいました。さて、わたしの名前《なまえ》はなんでしょう？

こたえは

「ホッチキス」

わたしは、**紙《かみ》をとめる道具《どうぐ》**です。日本《にほん》では**「ホッチキス」**の名《な》で知《し》られてます。でも、これは**商品《しょうひん》の名前《なまえ》**で、正式《せいしき》には**「ステープラー」**っていいます。1909年《ねん》アメリカからはじめて日本《にほん》にやってきたわたしのボディに、「ホッチキス」と書《か》いてあるのを見《み》た人《ひと》が、**「そうか、これがこの道具《どうぐ》の名前《なまえ》なんだね」**と早《はや》とちりしちゃって、それが広《ひろ》まったんだそうです。

このホッチキス、**もともとは会社名《かいしゃめい》**で、そもそも**「ホッチキス兄弟《きょうだい》」**の名前《なまえ》なんです。1895年《ねん》、ふたりは力《ちから》を合《あ》わせて**「E《イー》・H《エイチ》・ホッチキス社《しゃ》」**という会社《かいしゃ》をおこし、わたしを広《ひろ》く世界《せかい》に売《う》り出《だ》しました。

わたしを発明《はつめい》したのは、兄《あに》の**ベンジャミン・ホッチキス**で、**銃《じゅう》の設計《せっけい》や開発《かいはつ》**の仕事《しごと》をしていたんだって。あるとき、お兄《にい》さんは自分《じぶん》の発明《はつめい》した機関銃《きかんじゅう》の、弾丸《だんがん》を送《おく》るバネのしくみをヒントにして、ホッチキスの**針《はり》を一本《ぽん》ずつ送《おく》り出《だ》して、紙《かみ》に打《う》ち込《こ》む方法《ほうほう》**を思《おも》いつきました。このころ、すでにあったわたしのせんぱいたちは、

1826年《ねん》～1885年《ねん》

ベンジャミン・ホッチキス

発明家《はつめいか》・実業家《じつぎょうか》

針《はり》を**一本《ぽん》**しか入《い》れられなかったり、強《つよ》い力《ちから》が必要《ひつよう》だったりで、なにかとつかいづらかったんです。そこでお兄《にい》さんが、大《おお》きくて重《おも》い銃《じゅう》をヒントに、**片手《かたて》でなん度《ど》も針《はり》を打《う》ち込《こ》める**わたしを工夫《くふう》したってわけです。

今《いま》ではわたし、**手術《しゅじゅつ》にもつかわれてる**んですよ。皮《ひ》ふをぬい合《あ》わせるときにつかうと、糸《いと》でぬうよりもだんぜんはやいんだって。**本《ほん》をつくる**のも**服《ふく》をぬう**のも**ビルの建設《けんせつ》**だって、わたしにまかせてだいじょうぶ。わたしの活《かつ》やくの場《ば》は、どんどん広《ひろ》がっているんですよ。

レベル

クイズ

4 わたしは、立体《りったい》パズルです

わたしは立体《りったい》パズルですが、わたしの名前《なまえ》は、もともと人《ひと》の名前《なまえ》なんですよ。両手《りょうて》であつかえる大《おお》きさの真四角《ましかく》な形《かたち》で、ひとつの面《めん》に九つのマスがあり、それをカチャカチャ動《うご》かしてパズルを解《と》きます。わたしと遊《あそ》んでいると夢中《むちゅう》になれるし、解《と》けたときの気《き》もちよさったら「もうサイコー！」なんだそうですよ。

わたしの名前《なまえ》はずばり、わたしをつくったハンガリーの建築学者《けんちくがくしゃ》の名《な》前《まえ》です。そもそもわたしは、その先生《せんせい》が立体《りったい》の図形《ずけい》を学生《がくせい》に説明《せつめい》するためにつくった、勉強道具《べんきょうどうぐ》でした。ただの遊《あそ》び道具《どうぐ》じゃないから手《て》ごわくて、だからこそハマっちゃうパズルになったんです。さて、わたしの名前《なまえ》はなんでしょう？

こたえは

「ルービックキューブ」

わたしは、「ルービックキューブ」という立体《りったい》パズルです。「エルノー・ルービック」という建築学者《けんちくがくしゃ》が名前《なまえ》をくれました。

ある日《ひ》、大学《だいがく》の授業《じゅぎょう》で三次元《じげん》（3D《スリーディー》）を説明《せつめい》しようとしたルービック先生《せんせい》は、どうしたら学生《がくせい》がわかるかと悩《なや》み、模型《もけい》をつかおうと思《おも》い立《た》ちました。「さて、どうつくろうか」と家《いえ》のそばのドナウ川《がわ》の流《なが》れを見《み》ていた先生《せんせい》は、岩《いわ》に当《あ》たった水《みず》が、上下《じょうげ》・左右《さゆう》に分《わ》かれてはもどるのを見《み》て「これだ！」と模型《もけい》のヒントを見《み》つけます。さらに、この模型《もけい》をいじっていたら、「これをパズルにしたらおもしろいかも」とひらめいちゃった。これが、わたしが生《う》まれるきっかけだったんです。

子《こ》どものころからパズルが大好《だいす》きだった先生《せんせい》は、わたしをつくるのに夢中《むちゅう》になりました。そして、キューブの一面《めん》を九つのマスにわけ、六つの面《めん》にちがう色《いろ》を塗《ぬ》ったわたしを１９７４年《ねん》、ついに完成《かんせい》。その後《ご》、世界中《せかいじゅう》で大《だい》ヒットしちゃいました。これまで売《う》れた数《かず》は世界《せかい》で三億《おく》五千万個《こ》、なんと世界《せかい》の七人《にん》に一人《ひとり》がわたしと遊《あそ》んだことがあるんだって。
わたしのルールは、バラバラにしたマスの色《いろ》を上下《じょうげ》・左右《さゆう》に回転《かいてん》させて、**もう一度《いちど》そろえるだけ**。遊《あそ》びかたはとってもかんたんです。だけどなかなか解《と》けない。それが**人気《にんき》の秘密《ひみつ》**なんじゃないかな。わたしの人《にん》気《き》は今《いま》も続《つづ》き、**スピードを競《きそ》う世界選手《せかいせんしゅ》権《けん》**が毎年開《まいとしひら》かれるほどで、最新《さいしん》の**世界記《せかいき》録《ろく》は、三・一三秒《びょう》**だって。つくった本人《ほんにん》の先生《せんせい》が**一か月《げつ》もかかった**のに、今《いま》では数秒《すうびょう》で解《と》けちゃう。これからどれだけ記録《きろく》がちぢまるか、わたしも楽《たの》しみですよ。

1944年《ねん》～

エルノー・ルービック
ハンガリーの建築学者《けんちくがくしゃ》・大学教授《だいがくきょうじゅ》・発明家《はつめいか》

レベル

クイズ5

わたしは、お米《こめ》でつくるお菓子《かし》です

わたしは、**お米《こめ》でつくるお菓子《かし》**ですが、わたしの名前《なまえ》、もとは**人《ひと》の名《な》前《まえ》**なんです。米《こめ》の粉《こな》をこね、**うすくのばして焼《や》きます**。油《あぶら》であげたりもします。**塩味《しおあじ》やしょうゆ味《あじ》**のほか、あまから味《あじ》やみそ味《あじ》、のりを巻《ま》いたり、砂糖《さとう》をからめたりしたものもあります。米粉《こめこ》のほか小麦粉《こむぎこ》でつくるものもあります。

いろんな味《あじ》が楽《たの》しめるわたしは一枚《まい》、もう一枚《まい》と、**あと引《ひ》くうまさが魅力《みりょく》**です。江戸時代《えどじだい》のころから、日本各地《にほんかくち》にさまざまなわたしがいて、**名物《めいぶつ》としておみやげ屋《や》さんに並《なら》べられてる**んですよ。

そんなわたしは、ある人物《じんぶつ》から名前《なまえ》をもらいました。その人《ひと》は、茶《ちゃ》の湯《ゆ》をつくった**千利休《せんのりきゅう》のお弟子《でし》**さんだったそう。材料《ざいりょう》はシンプルなのに、味《あじ》わいぶかいわたしにぴったりですよね。さて、わたしの名前《なまえ》はなんでしょう？

こたえは「せんべい」

わたしは**「せんべい」**です。パリッとこうばしくて**「日本茶《にほんちゃ》によく合《あ》うね」**っていわれてます。そんなわたし、**千幸兵衛《せんのこうべい》という茶人《ちゃじん》**から名前《なまえ》をいただいてます。千幸兵衛《せんのこうべい》、**略《りゃく》して千兵衛《せんべい》**ってわけです。

茶人《ちゃじん》って**茶道《さどう》をきわめた人《ひと》**のことなんだけど、その人《ひと》が考《かんが》え出《だ》したのが、わたしなんですよね。そう聞《き》くとなんとも風流《ふうりゅう》で、高級《こうきゅう》なお菓子《かし》みたいでしょ。たしかに、はじめは貴族《きぞく》やえらいお坊《ぼう》さんのおやつだったんだけど、今《いま》ではわたし、**「安《やす》くておいしくてみんな大好《だいす》き」**という日本《にほん》を代表《だいひょう》するおやつになっちゃいました。

そんなわたしには、中国《ちゅうごく》のお菓子《かし》**「煎餅《ジェンビン》」から名《な》づけられた**とか、ほかにもいろんないい伝《つた》えがあります。せんべいの名産地《めいさんち》の草津《くさつ》（群馬県《ぐんまけん》）では、「おせんさんというお茶屋《ちゃや》のおばあさんが、**売《う》れのこったおだんごをうすくのばして焼《や》いてみたら飛《と》ぶように売《う》れた**、それがせんべいの名《な》のはじまり」だなんていう話《はなし》も伝《つた》えられています。その説《せつ》によると、わたしに丸《まる》い形《かたち》が多《おお》いのは、だんごを平《ひら》べっ

たくのばして焼《や》いたからなんだって。
　さて、わたしとおなじような米《こめ》のお菓《か》子《し》に「おかき」と「あられ」があるけど、そのちがい、わかりますか？　みんなが食《た》べてるごはんは「うるち米《まい》」というしゅるいの米《こめ》で、それをつかったのがわたし、つまり「せんべい」です。お赤飯《せきはん》なんかにつかう「もち米《ごめ》」をつかったお菓子《かし》が「おかき」と「あられ」で、大《おお》きいのを「おかき」、小《ちい》さいのを「あられ」っていうんだそうですよ。

千幸兵衛《せんのこうべい》
戦国時代《せんごくじだい》の茶人《ちゃじん》
千利休《せんのりきゅう》（1522年《ねん》～1591年《ねん》）の弟子《でし》

レベル

クイズ6

わたしは、こん虫《ちゅう》のなかまです

わたしは、**こん虫《ちゅう》のなかま**です。虫《むし》ですが、わたしの名前《なまえ》はもともと**人《ひと》の名前《なまえ》**なんです。しかもわたし、**虫《むし》だけど泳《およ》げる**んです。というか飛《と》んだり、歩《ある》いたりするより、泳《およ》ぐほうがうまいくらい。大《おお》きなうしろ足《あし》をオールみたいに動《うご》かしてすいーっと泳《およ》ぎます。たまに**おしりの先《さき》を水面《すいめん》から出《だ》して**ぷくっと空気《くうき》を入《い》れ、ボンベのようにためこんで、水中《すいちゅう》で息《いき》をします。このボンベのおかげで、魚《さかな》みたいなエラ呼吸《こきゅう》ができなくても水中《すいちゅう》に長《なが》くいられます。うまくできてるでしょ。

そんなわたし、ある魚《さかな》から名前《なまえ》をもらいました。でも、その名前《なまえ》は、もともとは**おさむらいさんの名前《なまえ》**だったんです。つまり、わたしは、おさむらいさんのりっぱな名前《なまえ》をもらっちゃったというわけ。さて、わたしの名前《なまえ》はなんでしょう？

スイー
ギョ

こたえは

「ゲンゴロウ」

わたしは、**水《みず》にすむこん虫《ちゅう》のなかま**です。いちおうこん虫《ちゅう》なんで、ちょっと飛《と》んだりもするけど、だいたいは**水辺《みずべ》で泳《およ》ぎながらくらしています。**すこし前《まえ》には田《た》んぼや湖《みずうみ》、沼《ぬま》なんかにたくさんいたのに**「さいきんは、ほとんど見《み》なくなったね」**なんていわれております。田《た》んぼがへって、すむ場所《ばしょ》がなくなり、なかまがいなくなってしまったんですよね。

このままではわたしたちがすべていなくなってしまうため、わたしたちの仲間《なかま》の多《おお》くが**「絶滅危惧種《ぜつめつきぐしゅ》」**に指定《してい》されるようになりました。それで、田《た》んぼの農薬《のうやく》を減《へ》らしたり、湖《みずうみ》や沼《ぬま》などの水辺《みずべ》からアメリカザリガニなどの天敵《てんてき》を取《と》りのぞいたりして、**わたしたちを守《まも》る活動《かつどう》**がはじめられてるんですよ。

そんなわたしは、戦国時代《せんごくじだい》にいた**「錦織源五郎《にしこおりげんごろう》」**というさむらいから名前《なまえ》をいただいたんですが、それには、すこしわけがあります。

源五郎《げんごろう》さんは、琵琶湖《びわこ》の漁師《りょうし》をまとめる役目《やくめ》をしていて、毎年《まいとし》湖《みずうみ》から大《おお》きな丸《まる》

い形《かたち》のフナをつかまえては、殿様《とのさま》におくっていたんだって。それがとってもおいしかったものだから、殿様《とのさま》は大《おお》よろこび。**「このフナのことは、これからゲンゴロウと呼《よ》ぶように」**とみんなに命令《めいれい》します。その後《ご》、おなじ湖《みずうみ》にいたこん虫《ちゅう》のわたしも、**「丸《まる》っこい形《かたち》が、その魚《さかな》とにてるね」**ってことで、「ゲンゴロウ」と呼《よ》ばれるようになっちゃいました。人《ひと》から魚《さかな》へ、そして虫《むし》へと名前《なまえ》がつぎつぎリレーしていったなんて、ちょっとおもしろいですよね。

錦織源五郎《にしこおりげんごろう》
戦国時代《せんごくじだい》のさむらい

レベル

クイズ7 わたしは、台所《だいどころ》にあるグッズです

わたしは、**台所《だいどころ》にあるグッズ**ですが、わたしの名前《なまえ》は、もともと人《ひと》の名前《なまえ》なんです。肉《にく》や野菜《やさい》などの食《しょく》ざいや、おかずなんかを**保存《ほぞん》するのに、とっても便利《べんり》**なんですよ。サッと出《だ》してピッと切《き》ってピタッとつつむ、これがわたしの上手《じょうず》なつかい方《かた》。みんなもつかってみたこと、あるんじゃないかな？

わたしは、**二人《ふたり》の女性《じょせい》の名前《なまえ》**を合《あ》わせて、名《な》づけられました。わたしを開発《かいはつ》した二人《ふたり》の**技術者《ぎじゅつしゃ》の妻《つま》たち**です。妻《つま》たちは、新《あたら》しいアイデアでわたしを使《つか》い、それを見《み》た技術者《ぎじゅつしゃ》たちがわたしをつくり直《なお》して、それまでとは**まったくちがう役目《やくめ》**をわたしにくれたんです。そうしてわたしは、みんなを笑顔《えがお》にするグッズになれました。さて、わたしの名前《なまえ》はなんでしょう？

こたえは

「サランラップ」

わたしは、食品《しょくひん》に使《つか》うラップフィルムです。料理《りょうり》の材料《ざいりょう》をつつんだり、料理《りょうり》を皿《さら》ごとおおったりするのにつかいます。わたしは空気《くうき》や水分《すいぶん》やにおいをとおしにくく、火《ひ》にも強《つよ》いので、冷蔵庫《れいぞうこ》に食品《しょくひん》を入《い》れるときや、電子《でんし》レンジで食品《しょくひん》を温《あたた》めるときにも便利《べんり》なんですよ。

でも、わたしはさいしょ、戦争《せんそう》の道具《どうぐ》として開発《かいはつ》されたんです。第《だい》二次《じ》世界大《せかいたい》戦《せん》のときです。わたしは、南《みなみ》の島《しま》で戦《たたか》う兵士《へいし》を蚊《か》から守《まも》るためのカーテンになりました。銃《じゅう》や弾《たま》をしっかりつつんで、湿《しめ》ってつかえなくなるのを防《ふせ》ぎました。兵《へい》士《し》の靴《くつ》の中《なか》に入《はい》って、水虫《みずむし》を防《ふせ》いだりもしました。そんなふうに戦争《せんそう》につかわれたわたしでしたが、あるとき運命《うんめい》が大《おお》きく変《か》わります。

戦争《せんそう》が終《お》わったある日《ひ》のこと。ラップをつくる会社《かいしゃ》の二人《ふたり》の技術者《ぎじゅつしゃ》が、家族《かぞく》を連《つ》れてピクニックにでかけたら、ひとりの妻《つま》が、サラダ用《よう》のレタスをわたしでつつんで持《も》ってきたんだって。時間《じかん》がたっていたのにレタスはシャキシャキでみずみず

しいまま。「これはいけるぞ！」とひらめいた技術者《ぎじゅつしゃ》たちは、**〝食品用《しょくひんよう》のわたし〟**の開発《かいはつ》をはじめます。

そしていよいよ発売《はつばい》となったとき、感謝《かんしゃ》をこめて妻《つま》たち二人《ふたり》の名前《なまえ》**サラとアン**をつなげた「サラン」に「ラップ」をつけた商品名《しょうひんめい》で、わたしを売《う》り出《だ》すことになったんです。

日本《にほん》で発売《はつばい》されたのは1960年《ねん》。はじめは**さっぱり売《う》れなかった**けど、どの家《いえ》でも冷蔵庫《れいぞうこ》や電子《でんし》レンジをつかうようになると、ばくはつ的《てき》に売《う》れ出《だ》し、**台所《だいどころ》には欠《か》かせない**ものになりました。

サラとアン
アメリカのラップの会社《かいしゃ》「ダウ・ケミカル社《しゃ》」につとめる技術者《ぎじゅつしゃ》ラドウィックとアイアンズの妻《つま》たち

レベル

クイズ

8 わたしは、ごはんがすすむ食《た》べものです

わたしは**食《た》べもの**ですが、わたしの名前《なまえ》は、もともと**人《ひと》の名前《なまえ》**です。むかしは、食《た》べものが少《すく》なくなるときにそなえて、わたしを**手《て》づくりしておく家《いえ》が多《おお》かった**けど、冷蔵庫《れいぞうこ》がつかえるようになると、その必要《ひつよう》はなくなりました。でも、わたしの人気《にんき》はあいかわらずで、今《いま》では一年中《いちねんじゅう》スーパーで売《う》られています。

わたしは**しょっぱくてごはんがすすむ**ので、お弁当《べんとう》のすみっこに入《い》れられたり、お茶《ちゃ》づけにされたりと、なにかと出番《でばん》が多《おお》いんです。子《こ》どもにはあまりウケないわたしですが、**日本《にほん》の食卓《しょくたく》には欠《か》かせない**存在《そんざい》なんですよ。そんなわたし、**江戸時代《えどじだい》のお坊《ぼう》さんの名前《なまえ》**をいただいてます。このお坊《ぼう》さん、近所《きんじょ》の人《ひと》からもらう野菜《やさい》をのこさず食《た》べようと、わたしをつくったんだって。さて、わたしの名前《なまえ》はなんでしょう？

こたえは

「たくあん」

わたしは、だいこんを干《ほ》して、塩《しお》と米《こめ》ぬかでつけこんだ**つけもの**です。**「たくわん」「たくあんづけ」**なんて呼《よ》ばれたりもしています。

わたしの名前《なまえ》「たくあん」は、江戸時代《えどじだい》のお坊《ぼう》さん**「沢庵和尚《たくあんおしょう》」**の名前《なまえ》をそのまんまもらっちゃってます。だれがそれを決《き》めたのかというと、なんと**三代《だい》将軍《しょうぐん》徳川家光《とくがわいえみつ》**なんだそう。それにはこんな言《い》い伝《つた》えがあります。

「なにを食《た》べてもおいしくない」となげく将軍《しょうぐん》に、和尚《おしょう》は「それなら、とっておきのごちそうをお出《だ》ししましょう。ただし、部屋《へや》を出《で》てはいけませんよ」といって立《た》ち去《さ》ります。将軍《しょうぐん》はワクワクしながら待《ま》っていたけど、いくら待《ま》っても食事《しょくじ》がこない。生《う》まれてはじめてお腹《なか》がぺこぺこになっちゃいました。そうして、ようやく出《で》てきたお膳《ぜん》には、**白《しろ》いご飯《はん》にわたしが一きれ**だけ。わたしをひと口《くち》食《た》べて**「うまい!」**とおどろく将軍《しょうぐん》に、和尚《おしょう》は「ぜいたくな食事《しょくじ》だけがおいしいわけではない。おいしく食《た》べたいなら空腹《くうふく》になることです」とさとしたというのです。おお

1573年《ねん》～1645年《ねん》

沢庵宗彭《たくあんそうほう》
品川《しながわ》・東海寺《とうかいじ》の僧《そう》

いに感心《かんしん》した将軍《しょうぐん》が、**「これに和尚《おしょう》の名《な》をつけよ」**といい、それでわたしは「たくあん」と呼《よ》ばれるようになったんだって。

わたしの名前《なまえ》の由来《ゆらい》はほかにもあって、**「和尚《おしょう》の墓《はか》の石《いし》が、わたしをつけるときの石《いし》に似《に》ていたから」**なんてじょうだんみたいなのもあります。

さて、じつはわたし、日本《にほん》で**はじめて売《う》られた駅弁《えきべん》**に入《はい》っていたんですよ。1885年《ねん》、宇都宮駅《うつのみやえき》で売《う》られたその駅弁《えきべん》は、**おにぎり二ことたくあん二きれ**を竹《たけ》の皮《かわ》でつつんだものだったそうです。

レベル

クイズ
9 わたしは、動物《どうぶつ》のぬいぐるみです

わたしは、**おもちゃ**です。くわしく言《い》うと、**動物《どうぶつ》のぬいぐるみ**なんですが、わたしの名前《なまえ》は、もともと**人《ひと》の名前《なまえ》**なんですよ。

山《やま》おくにすむ大《おお》きな動物《どうぶつ》が、わたしのモデルです。その動物《どうぶつ》は絵本《えほん》やアニメでもおなじみで、コップやT《ティー》シャツなどいろんなものにデザインされてます。ぬいぐるみのわたしも、おおぜいの子《こ》どもたちの**たいせつな友《とも》だち**として、そばにおいてもらってます。そんなふうに愛《あい》されキャラのわたしですが、なんと**アメリカ大統領《だいとうりょう》**の名前《なまえ》をいただいちゃってます。どうして動物《どうぶつ》のぬいぐるみに、そんなえらい人《ひと》の名前《なまえ》がついたんでしょうか。それには、大統領《だいとうりょう》の**やさしい人柄《ひとがら》**が関係《かんけい》してるんですよ。さて、わたしの名前《なまえ》はなんでしょう?

こたえは

「テディーベア」

わたしは「テディーベア」という名《な》の、**くまのぬいぐるみ**です。「テディー」は、「セオドア」のニックネーム、「ベア」は英語《えいご》でくまのこと。つまり、わたしは、第《だい》二十六代《だい》アメリカ大統領《だいとうりょう》「セオドア・ルーズベルト」の名前《なまえ》をもらったくまということになります。なぜ、くまのぬいぐるみがそんなえらい人《ひと》の名前《なまえ》をもらったのか、ふしぎでしょ。これには、わけがあるんです。

あるとき狩《か》りにでかけた大統領《だいとうりょう》が、ケガをした子《こ》ぐまを見《み》つけたんだけど、**鉄《てっ》砲《ぽう》でうたずに助《たす》けた**んだって。そのことをかいた絵《え》がしんぶんにのって、大統領《だいとうりょう》のやさしさを知《し》った人《ひと》びとはとても感動《かんどう》したそうです。それでわたしがつくられ、大統領《だいとうりょう》の夕食会《ゆうしょくかい》の席《せき》におかれたりして、わたしは**とくべつなぬいぐるみ**として大《だい》ブームになったんです。それからのわたしは、だっこされたり、いっしょにねむったりして、たくさんの子《こ》どもたちとなかよくしてきました。

さて、動物好《どうぶつず》きは大統領《だいとうりょう》だけではなかったようです。**大統領《だいとうりょう》の六人《にん》の子《こ》どもた**

1858年《ねん》～1919年《ねん》

セオドア・ルーズベルト

第《だい》二十六代《だい》アメリカ大統領《だいとうりょう》

ちもみな動物《どうぶつ》が大好《だいす》きで馬《うま》や犬《いぬ》、猫《ねこ》、くま、ブタ、コヨーテ、ヘビ、さらには外国《がいこく》から子《こ》ライオンやゾウまで贈《おく》られて、四十以上《いじょう》のペットを飼《か》っていたとか。大統領《だいとうりょう》の住《す》まいであるホワイトハウスは、まるで動《どう》物園《ぶつえん》みたいだったんだって。

そんな大統領《だいとうりょう》は自然保護《しぜんほご》にも熱心《ねっしん》で、国民《こくみん》のための政治《せいじ》をエネルギッシュに進《すす》めたことから、たいへんな人気《にんき》を集《あつ》めました。日本《にほん》とロシアの戦争《せんそう》を終《お》わらせる手《て》つだいをした大統領《だいとうりょう》は、1906年《ねん》ノーベル平和《へいわ》賞《しょう》を受賞《じゅしょう》しています。

レベル

クイズ 10

わたしは、人《ひと》のようすをあらわす言葉《ことば》です

わたしは、**人《ひと》のようすをあらわす言葉《ことば》**なんですが、もともと**人《ひと》の名前《なまえ》**だったんです。その言葉《ことば》って、**動《うご》きがゆっくり**すぎたり、**頭《あたま》の働《はたら》きがにぶい**ようすをあらわしてるんだけど、そういう人《ひと》のことを指《さ》して言《い》ったりもしてます。なんてひどい悪口《わるぐち》、われながら泣《な》けてきちゃいます。

でも、わたしは、もともとは**江戸時代《えどじだい》に活《かつ》やくした人形《にんぎょう》つかい**の名前《なまえ》なんです。その人《ひと》があやつる人形《にんぎょう》は、ひと目見《めみ》たら吹《ふ》き出《だ》しちゃうほど**おもしろい顔《かお》**をしていて、トロくてこっけいなしぐさをするものだから、お客《きゃく》さんは**大笑《おおわら》いの大《だい》はくしゅ**。いつしか人形《にんぎょう》は、その人形《にんぎょう》つかいの名前《なまえ》で呼《よ》ばれるようになり、そのしぐさをあらわす言葉《ことば》も、その人《ひと》の名前《なまえ》になっちゃったんです。さて、わたしは、なんという言葉《ことば》でしょう?

こたえは

「のろま」

わたしは**「のろま」**という言葉《ことば》です。動《うご》きがゆっくりすぎてトロかったり、頭《あたま》がにぶくて気《き》がきかなかったりするようす、またはそのような人《ひと》を指《さ》して、**「あの人《ひと》はのろまだね」**なんていったりします。**はっきりいって、悪口《わるぐち》**です。人《ひと》をきずつけたり、けんかになったりしちゃうので、**口《くち》に出《だ》さないほうがいい**でしょうね。

そんなきらわれもののわたしですが、じつは、人気《にんき》ものの名前《なまえ》だったんです。その人気《にんき》ものとは、**「野呂松人形《のろまつにんぎょう》」**のこと。江戸時代《えどじだい》、人形《にんぎょう》しばいの合間《あいま》に演《えん》じられたショートコントに出《で》てくる人形《にんぎょう》なんだけど、**チョビひげのゆかいな顔《かお》**とピントのずれた、**とぼけたしぐさやふざけたセリフ**が大《おお》ウケして、大人気《だいにんき》になったそう。それで、人形《にんぎょう》つかいの**「野呂松勘兵衛《のろまつかんべえ》」**の名《な》をとって「野呂松人形《のろまつにんぎょう》」、それをちぢめて**「のろま人形《にんぎょう》」**なんて呼《よ》ばれるようになりました。それがいつしか、人形《にんぎょう》のしぐさそのものを「のろま」なんていうようになっちゃいました。そこから、しごとがおそい人《ひと》や、頭《あたま》の回転《かいてん》がおそい人《ひと》への悪口《わるぐち》にもつかわれるようにもなったん

1661年《ねん》〜1681年《ねん》

野呂松勘兵衛《のろまつかんべえ》

江戸時代《えどじだい》のはじめに活《かつ》やくした人形《にんぎょう》つかい

です。野呂松《のろまつ》さんも、野呂松人形《のろまつにんぎょう》も、みんなを楽《たの》しませてきたのに、**ただの悪口《わるぐち》にされちゃうなんて、ほんといいめいわく**ですよね。

でも、さいきんでは、わたしみたいな人《ひと》を**「マイペースだね」**とか、**「おっとりしてるね」**なんて言《い》い方《かた》をするらしいので、わたしの出番《でばん》は、これからだんだん減《へ》っていくかもしれませんね。

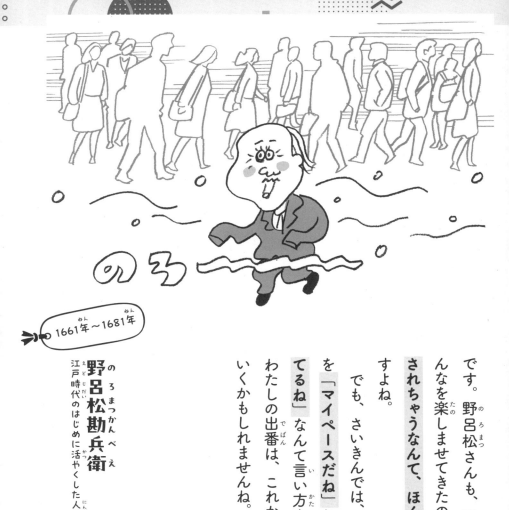

倉本美津留《くらもとみつる》の語源《ごげん》コラム 1

さて、ここでひと息《いき》。

きみはこれまでに紹介《しょうかい》したもともと人名《じんめい》の言葉《ことば》を日常《にちじょう》でどれほどつかっていたか気《き》づきましたか？

人《ひと》の名前《なまえ》だと思《おも》ってつかってなかったでしょ。

歴史《れきし》の教科書《きょうかしょ》にはのっていない、けれど言葉《ことば》の世界《せかい》ではひそかに主役《しゅやく》をはる人《じん》物《ぶつ》たちがたくさんいるんだ。そして彼《かれ》らの物語《ものがたり》はそろいもそろって小説《しょうせつ》よりも奇《き》なり。だって誰《だれ》でも知《し》ってる言葉《ことば》になって残《のこ》ってるなんて相当《そうとう》なインパクトです。

今回《こんかい》はページの都合《つごう》でとりあげられなかったけど、もともと人名《じんめい》だった言葉《ことば》って本当《ほんとう》にたくさんあります。例《たと》えば「ハヤシライス」は早矢仕《はやし》さんという本屋《ほんや》さんから。「パンフレット」はパンフィルさんという詩人《しじん》から。犬《いぬ》の「ドーベルマン」も税金徴収官《ぜいきんちょうしゅうかん》をしていた人《ひと》の名前《なまえ》。東京駅《とうきょうえき》のある「八重洲《やえす》」はヤン・ヨーステンというオランダ人《じん》から。

どういういきさつで、その人《ひと》の名前《なまえ》がそのまま付《つ》いたのか？気《き》になるよね〜。

レベル2

みなさんはこの言葉《ことば》と語源《ごげん》、知《し》っていますか？

レベル

クイズ 11

わたしは、寒《さむ》いときに着《き》る上着《うわぎ》です

わたしは、**寒《さむ》いときに着《き》る上着《うわぎ》**ですが、わたしの名前《なまえ》は、もともと**人《ひと》の名前《なまえ》**なんです。わたしは生《う》まれました。そこはクリミアという半島《はんとう》で、イギリスが戦争《せんそう》をしている場所《ばしょ》で、わたしは生まれ……日本《にほん》でいうと**北海道《ほっかいどう》の網走《あばしり》とおなじくらい北《きた》**にあります。つまり、**とっても寒《さむ》い**。イギリスの兵士《へいし》は戦《たたか》うより前《まえ》に、寒《さむ》さでやられちゃいそうでした。陸軍《りくぐん》のえらい人《ひと》たちは、兵《へい》士《し》たちにセーターを着《き》せようとしたんだけど、ケガをした兵士《へいし》はうまく着《き》られません。そこで、ひとりの伯爵《はくしゃく》が、**セーターを改造《かいぞう》して、わたしをつくった**んです。**着《き》やすくてあったかい**わたしに、兵士《へいし》たちは大助《おおだす》かり。わたしは伯爵《はくしゃく》の名前《なまえ》で呼《よ》ばれるようになりました。さて、わたしの名前《なまえ》はなんでしょう？

これ着てみなさい

こたえは

「カーディガン」

わたしは、毛糸《けいと》などであんだ、**前《まえ》あきの上着《うわぎ》**です。**「カーディガン」**っていいます。前《まえ》の部分《ぶぶん》があいているセーターといえば、わかりやすいでしょうね。

そもそもセーターは、北《きた》の海《うみ》ではたらく**漁師《りょうし》の作業着《さぎょうぎ》**として生《う》まれたんだそう。毛糸《けいと》をあみこむことであたたかさを閉《と》じこめ、そのうえ水《みず》ぬれも防《ふせ》いだので、わたしは漁師《りょうし》の服《ふく》にもってこいだったんだって。そして、しだいに町《まち》の人《ひと》たちにも着《き》られるようになっていったそうです。

そんなセーターからわたしが生《う》まれたきっかけは、1853年《ねん》にはじまった**クリミア戦争《せんそう》**でした。この戦争《せんそう》は、**ナイチンゲールという看護師《かんごし》**さんが、戦地《せんち》の病《びょう》院《いん》で、傷《きず》ついた兵士《へいし》をけんめいに看病《かんびょう》したことでも知《し》られてるんですよ。

この戦争《せんそう》で、イギリス軍《ぐん》がロシア軍《ぐん》と戦《たたか》ったクリミアという土地《とち》はひどく寒《さむ》くて、ケガをした兵士《へいし》たちは弱《よわ》っていくばかり。セーターを着《き》せようにもうまく着《き》せられません。イギリス陸軍《りくぐん》の**カーディガン伯爵《はくしゃく》**は、「ケガをしていても、脱《ぬ》いだり着《き》

1797年《ねん》〜1868年《ねん》

たりしやすい服《ふく》があればいいのに」と考《かんが》えます。パッとひらめいた伯爵《はくしゃく》は、いきなり**セーターの前《まえ》の部分《ぶぶん》をタテにジョキジョキ切《き》っちゃった。**そして、そこにボタンをつけて、できたわたしを軍服《ぐんぷく》の上《うえ》から着《き》せてみたら、これがとってもあったかい。**兵士《へいし》たちはみな、凍《こご》えずにすんだ**そうです。

こうして伯爵《はくしゃく》の名《な》をもらって「カーディガン」と呼《よ》ばれるようになったわたしは、子《こ》どもから大人《おとな》まで、そして男性《だんせい》も女性《じょせい》も、すべての寒《さむ》い人《ひと》たちをぽかぽかとあっためているんです。

第《だい》七代《だい》カーディガン伯爵《はくしゃく》

イギリスの貴族《きぞく》・軍人《ぐんじん》

レベル

クイズ 12 わたしは、世界中《せかいじゅう》で食《た》べられている豆《まめ》です

わたしは、世界中《せかいじゅう》で食《た》べられている、**豆《まめ》の一しゅ**ですが、**人《ひと》の名前《なまえ》**をそのままもらってます。遠《とお》い**中南米《ちゅうなんべい》（ラテンアメリカ）で生《う》まれた**わたしは、アメリカ大陸《たいりく》を発見《はっけん》したイタリア人《じん》のコロンブスによって、十七世紀《せいき》ごろヨーロッパへ持《も》ちこまれ、そこから中国《ちゅうごく》へ。そして、**はるばる日本《にほん》へとやってきました**。地球《ちきゅう》を一周近《しゅうちか》く旅《たび》してきたわたしですが、どの土地《とち》にもなじんで、すくすく育《そだ》ってきました。今《いま》では、世界中《せかいじゅう》にわたしがたくさんいるんですよ。

わたしを日本《にほん》に連《つ》れてきたのは、**中国《ちゅうごく》のえらいお坊《ぼう》さん**でした。そのお坊《ぼう》さんは、ほかにもいろんなおいしいものを日本《にほん》へ持《も》ってきたんだけど、なぜか、わたしだけそのお坊《ぼう》さんの名前《なまえ》をいただいちゃったんですよね。

さて、わたしの名前《なまえ》はなんでしょう？

こたえは「インゲン」

わたしは、マメ科《か》の作物《さくもつ》**「インゲン」**です。いろいろなしゅるいがありますが、さやごと食《た》べる**サヤインゲン**と、さやの中《なか》の豆《まめ》だけを食《た》べる**インゲンマメ**に、大《おお》きくわかれています。サヤインゲンはいためたり、**天《てん》ぷら、ごまあえ**なんかに、インゲンマメは**煮豆《にまめ》**にしたり、**和菓子《わがし》のあんこ**につかわれたりします。料理《りょうり》にもお菓子《かし》にもつかえて、ビタミンやミネラルなどの栄養《えいよう》もたっぷり、そのうえ、わたしはとっても育《そだ》てやすいんですよ。一年《ねん》になん度《ど》もとれるので**「三度豆《さんどまめ》」**なんて呼《よ》ばれることもあるくらいです。

わたしの名前《なまえ》「インゲン」は、中国《ちゅうごく》のお坊《ぼう》さん**「隠元《いんげん》」**の名前《なまえ》をそのままいただいてます。1654年《ねん》（江戸時代《えどじだい》のはじめ）、日本《にほん》にやってきた隠元和尚《いんげんおしょう》が、わたしを**中国《ちゅうごく》から持《も》ちこんだ**からなんだって。そのとき、わたしだけでなくナスやスイカ、タケノコなんかもいっしょに連《つ》れてきたらしいんだけど、どういうわけか、**わたしだけちゃっかり和尚《おしょう》さんの名前《なまえ》をもらっちゃった**んです。

1592年《ねん》～1673年《ねん》

隠元隆琦《いんげんりゅうき》

中国《ちゅうごく》（明《みん》の時代《じだい》）のお坊《ぼう》さん

この隠元和尚《いんげんおしょう》、たいへんな物知《ものし》りでりっぱなお坊《ぼう》さんだったので、江戸幕府《えどばくふ》の四代《だい》将軍徳川家綱《しょうぐんとくがわいえつな》やたくさんの武士《ぶし》、お坊《ぼう》さんたちに**とっても尊敬《そんけい》されていた**んだって。それで二、三年《ねん》だけ日本《にほん》にいるつもりだったのに、みんなに引《ひ》き止《と》められているうちに、八十二歳《さい》で亡《な》くなるまで中国《ちゅうごく》にもどることなく、日本《にほん》にとどまったそう。わたしも隠元《いんげん》さんとおなじように、すっかり日本《にほん》になじんで、いろんな料理《りょうり》になって食卓《しょくたく》に並《なら》べられています。

レベル

クイズ13

わたしは、世界的《せかいてき》に有名《ゆうめい》な鉄《てつ》の塔《とう》です

わたしは、高《たか》さ三百三十メートルほどの**鉄《てつ》の塔《とう》**です。世界的《せかいてき》に有名《ゆうめい》なんですが、わたしの名前《なまえ》がもともと**人《ひと》の名前《なまえ》**だってことは、あまり知《し》られてないかもしれませんね。

わたしは、生《う》まれて百数《すう》十年《ねん》たった今《いま》も、**フランスの首都《しゅと》パリ**の空《そら》の下《した》、元気《げんき》に立《た》ちつづけています。年間《ねんかん》七百万人《にん》がおとずれるほど、**わたしは人気《にんき》の観光《かんこう》スポット**なんですよ。三つあるてんぼう台《だい》からは、パリの街並《まちな》みが見《み》わたせ、夜《よる》にはイルミネーションがともされて、とってもきれいです。そのうえ、**テレビやラジオの電波塔《でんぱとう》**として、今《いま》もしっかりお役《やく》に立《た》っているんです。そんなわたし、わたしを設計《せっけい》したフランス人技師《じんぎし》の名前《なまえ》をそのままもらっちゃってます。さて、わたしの名前《なまえ》はなんでしょう？

エッヘン

こたえは

「エッフェル塔《とう》」

花《はな》の都《みやこ》パリをながれる**セーヌ川《がわ》の西《にし》の岸《きし》**にどーんと建《た》てられた**鉄骨《てっこつ》の塔《とう》**、それがわたしです。フランス革命《かくめい》から百年《ねん》の1889年《ねん》、それを記念《きねん》した**「パリ万国博覧会《ばんこくはくらんかい》」**のシンボルとして建《た》てられました。わたしの名前《なまえ》は、わたしを設計《せっけい》した**「ギュスターヴ・エッフェル」**からもらったんですが、そもそもこの人《ひと》、アメリカ・ニューヨークにある**「自由《じゆう》の女神《めがみ》」**のほね組《ぐ》みをつくったことで知《し》られ、**「鉄《てつ》の魔術師《まじゅつし》」**といわれるほど鉄《てつ》の設計《せっけい》がとくいでした。ヨーロッパ中《じゅう》にじょうぶな鉄橋《てっきょう》もたくさんつくったので、**「橋《はし》の天才《てんさい》」**ともいわれてたんですよ。

エッフェル技師《ぎし》は、技術《ぎじゅつ》だけでなく**人物《じんぶつ》もすぐれていた**そうで、川《かわ》に落《お》ちておぼれた作業員《さぎょういん》を**冷《つめ》たい水《みず》に飛《と》び込《こ》んで助《たす》けた**こともあったそう。作業員《さぎょういん》たちにボーナスをくばるなど、思《おも》いやりのある人《ひと》だったと伝《つた》えられています。

そんなエッフェル技師《ぎし》が、当時《とうじ》としては**世界一高《せかいいちたか》い鉄塔《てっとう》**のわたしをつくったのですから、みんながほめたと思《おも》うでしょ。ところがどっこい、わたしはとてもひょう

ばんが悪《わる》かったんです。「へんな塔《とう》だね」「こんな塔《とう》、パリの美《うつく》しい街並《まちな》みにちっとも合《あ》わないよ」と、みんな悪口《わるぐち》をいいたいほうだいで、「エッフェル塔《とう》を見《み》なくてすむ、ただひとつの方法《ほうほう》は、塔《とう》にのぼることだ」なんて皮肉《ひにく》までいわれちゃって、ほんとにうんざりでしたよ。それがどうでしょう、いつのまにか**パリいちばんの観光名所《かんこうめいしょ》**になっちゃって、1991年《ねん》には、わたしのいるセーヌ河岸一帯《かがんいったい》が**世界遺産《せかいいさん》**にえらばれてます。

1832年《ねん》〜1923年《ねん》

ギュスターヴ・エッフェル

フランスの建設技師《けんせつぎし》

レベル

クイズ

14 わたしは、だれでも知《し》っている料理《りょうり》です

わたしは、日本《にほん》でくらす人《ひと》なら**だれでも知《し》っている料理《りょうり》**ですが、もともと**人《ひと》の名前《なまえ》**なんです。細《ほそ》く切《き》った野菜《やさい》を炒《いた》めるだけで、かんたんにつくれます。スーパーマーケットのおそうざいコーナーにも、パックに入《はい》ったわたしがたくさん売《う》られてます。見《み》た目《め》は地味《じみ》だけど、**栄養《えいよう》たっぷりで、ごはんによく合《あ》う**人気《にんき》のおかずなんですよ。とうがらしを多《おお》めに入《い》れたらお酒《さけ》のおつまみにもなるし、さいきんは、パンにはさんで売《う》られたりもしてます。

そんなわたし、食《た》べると力《ちから》が出《で》るといわれているからか、昔話《むかしばなし》に出《で》てくる**とっても強《つよ》いヒーローの名前《なまえ》**をつけられちゃいました。さて、わたしはなんという料理《りょうり》でしょうか？

こたえは

「きんぴらごぼう」

わたしは、**「きんぴらごぼう」**という料理《りょうり》です。細長《ほそなが》く切《き》ったごぼうを油《あぶら》でいため、しょうゆと砂糖《さとう》、とうがらしなどで味《あじ》つけします。にんじんの千切《せんぎ》りを加《くわ》えることもあります。ハンバーグみたいな主役《しゅやく》にはなれないけど、**「あるとうれしいね」**っていわれてます。

そんなわたし、**「坂田金平《さかたのきんぴら》」**という人《ひと》から名前《なまえ》をもらいました。もっともこの人《ひと》、ほんとうにいたわけじゃなく、江戸時代《えどじだい》に流行《りゅうこう》した**物語《ものがたり》のヒーロー**なんです。金平《きんぴら》はつぎつぎと悪者《わるもの》をやっつけちゃう**力持《ちからも》ちのキャラクター**で、平安時代《へいあんじだい》に鬼《おに》退治《たいじ》で知《し》られた武将《ぶしょう》・**坂田金時《さかたのきんとき》の息子《むすこ》**という設定《せってい》でつくられました。お父《とう》さんの金時《きんとき》は、**子《こ》どものころは金太郎《きんたろう》**と呼《よ》ばれ、すもうをとるとくまに勝《か》っちゃうほど強《つよ》い男《おとこ》の子《こ》だったそう。子《こ》どもの日《ひ》に、**おかっぱ頭《あたま》で赤《あか》いはらまき**をした人形《にんぎょう》がかざられているのを見《み》たことあるんじゃないかな。あの人形《にんぎょう》が、金太郎《きんたろう》なんですよ。

そんな強《つよ》い金太郎《きんたろう》の、これまた強《つよ》い息子《むすこ》として、金平《きんぴら》の物語《ものがたり》は大人気《だいにんき》になり、

やがて強《つよ》いものにはみんな「**きんぴら**」の名《な》がつけられるようになっちゃいました。やぶれにくい「**金平《きんぴら》たび**」、しっかり貼《は》れる「**金平糊《きんぴらのり》**」といった金平《きんぴら》グッズが大《だい》ヒット、さらにはおてんばな女《おんな》の子《こ》を「**きんぴらむすめ**」なんていっていたそう。それももう昔《むかし》のお話《はなし》、今《いま》ではわたしだけが「きんぴらごぼう」「きんぴら」などと名《な》のっています。

ごぼうは**元気《げんき》が出《で》る野菜《やさい》**として知《し》られているし、ピリッと辛《から》くて歯《は》ごたえのあるわたしには、ぴったりの名前《なまえ》ですよね。

坂田金平《さかたのきんぴら》
江戸時代《えどじだい》の浄瑠璃《じょうるり》（語《かた》りもの）の登場人物《とうじょうじんぶつ》

レベル

クイズ
15 わたしは、真《ま》っ白《しろ》な見《み》た目《め》の食《た》べものです

わたしは、**食《た》べもの**なんですが、わたしの名前《なまえ》は、もともと**人《ひと》からもらったもの**なんです。おでんにうかべて煮《に》こんだり、フライパンでこんがり焼《や》いたり、カリッとフライにしたりと、わたしは**いろんな食《た》べ方《かた》**で楽《たの》しんでもらってるんですよ。

真《ま》っ白《しろ》な見《み》た目《め》ではちょっとわかりにくいでしょうけど、じつはわたし、**お魚《さかな》からつくられてる**んです。ふんわり、やわらかいので、ちいさな子《こ》どもからお年《とし》よりまで、だれでも食《た》べやすいねって言《い》われてます。**栄養《えいよう》が豊富《ほうふ》なわりにカロリーが少《すく》なめ**なので、ダイエットにもいいんですって。

そんなわたしを考《かんが》えだした人《ひと》は、**江戸時代《えどじだい》の料理人《りょうりにん》**で、名前《なまえ》もその人《ひと》からもらっちゃってます。さて、わたしの名前《なまえ》はなんでしょう？

こたえは

「はんぺん」

わたしは**「はんぺん」**という名《な》の**ねり製品《せいひん》**です。ねり製品《せいひん》って、**魚《さかな》のすり身《み》でつくる食《た》べもの**のことです。おでんにかならず入《はい》っているちくわや、お正月《しょうがつ》に欠《か》かせないかまぼこなんかもねり製品《せいひん》、つまり、わたしのなかまなんですよ。

わたしのばあいは、魚《さかな》のすり身《み》にヤマイモなどを加《くわ》えて、ゆでたり、蒸《む》したりしてつくられてます。自分《じぶん》でいうのもなんですけど、わたしって**タンパク質《しつ》たっぷり**で、おなかにやさしくて、**値《ね》だんも手《て》ごろ**で、といいとこだらけなんですよね。煮汁《にじる》をよく吸《す》うので、おでんやお吸《す》い物《もの》にいれると味《あじ》がしみておいしいし、さっと焼《や》いてお弁当《べんとう》のおかずにするのもおすすめです。

わたしを考《かんが》えだしたのは、駿河国《するがのくに》（今《いま》の静岡県《しずおかけん》）の**「半平《はんぺい》」という料理人《りょうりにん》**だったそうです。はんぺいがなまってはんぺんになっちゃったんだって。

ほかにも、おわんのふたにすり身《み》をつめて「半円《はんえん》」につくったので、それがはんぺんにかわった、という説《せつ》もあります。わたしみたいな人気《にんき》ものは、うわさが

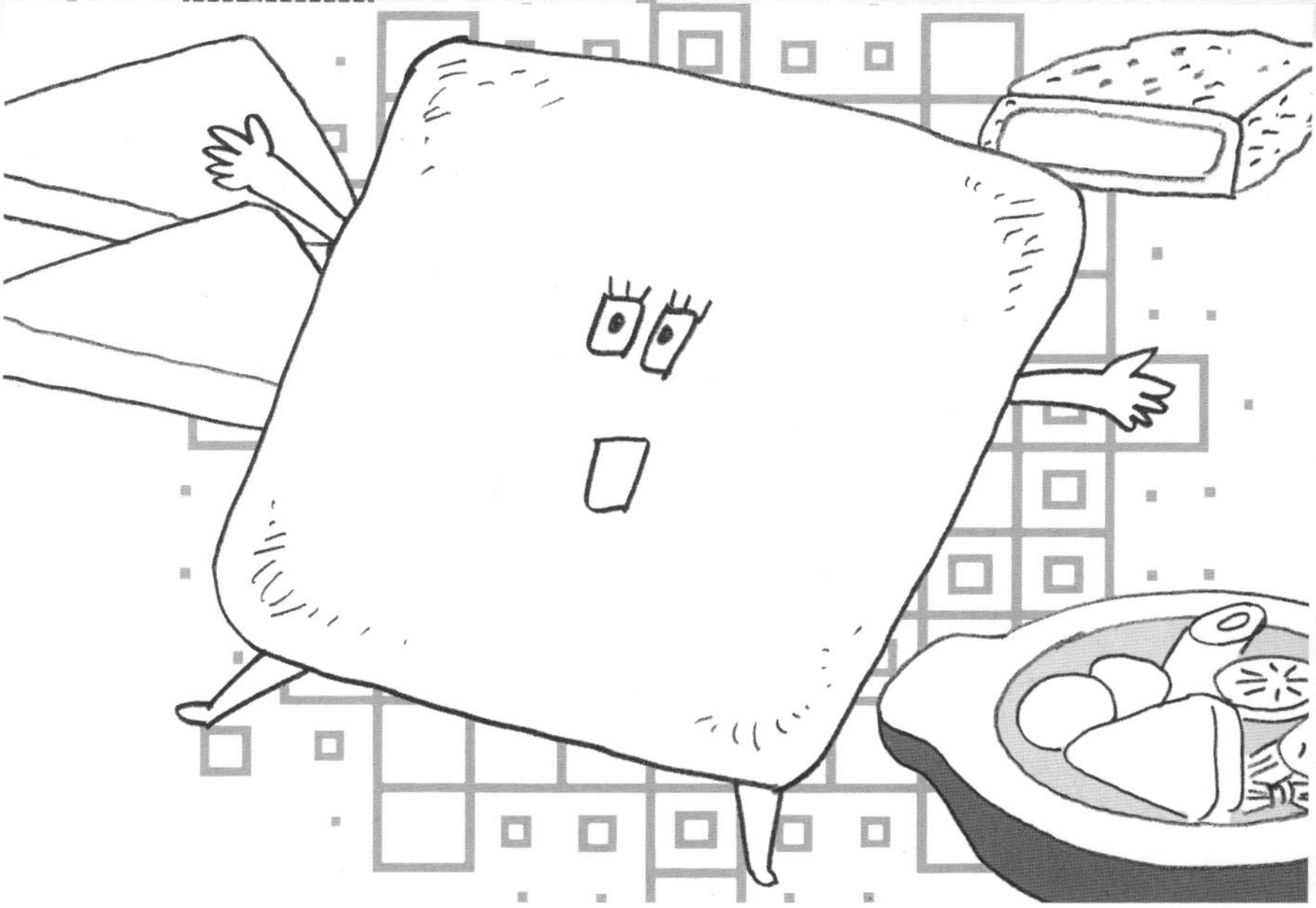

多《おお》いものなんですよね。
ちなみに、わたしのふるさと静岡《しずおか》では、はんぺんといえば**「黒《くろ》はんぺん」**という灰《はい》色《いろ》をしたわたしを指《さ》すんです。サメやカジキなどの白身《しろみ》の魚《さかな》を使《つか》った白《しろ》いわたしとちがい、アジやイワシ、サバなどの青魚《あおざかな》をつかっているので**色《いろ》が黒《くろ》っぽくなる**んです。黒《くろ》はんぺんは魚《さかな》の風味《ふうみ》が強《つよ》く、すこし歯《は》ごたえもあって、静岡名物《しずおかめいぶつ》のおみやげとしても人気《にんき》があるんですよ。

半平《はんぺい》
江戸時代《えどじだい》の駿河国《するがのくに》（今《いま》の静岡県《しずおかけん》）の料理人《りょうりにん》

レベル

クイズ
16 わたしは、ちっちゃな焼《や》き菓子《がし》です

わたしは、**ちっちゃな焼《や》き菓子《がし》**ですが、**人《ひと》の名前《なまえ》**をもらってます。バターたっぷりのしっとりした風味《ふうみ》で、そのうえ**見《み》た目《め》もとってもかわいい**から、おやつにも、プレゼントにもうってつけのお菓子《かし》として、世界中《せかいじゅう》に広《ひろ》まりました。かれこれ**二百五十年以上《ねんいじょう》**もの間《あいだ》、わたしはつくられつづけてるんですよ。

でもわたし、正直《しょうじき》いって、これほど長《なが》く愛《あい》されるなんて思《おも》いもしませんでした。だって、わたしは**ひとりのメイドさんの、とっさの思《おも》いつき**で生《う》まれたんですから。小《ちい》さなきっかけで生《う》まれた、名前《なまえ》のないわたしでしたが、**形《かたち》のめずらしさ**と、おどろくほどのおいしさから大《だい》ひょうばんになり、メイドさんの名前《なまえ》で広《ひろ》まっていっちゃったんです。さて、わたしの名前《なまえ》はなんでしょう？

このホタテの貝がら
何かに使えないかしら？

こたえは

「マドレーヌ」

わたしは**「マドレーヌ」**という名《な》の**焼《や》き菓子《がし》**です。**1755年《ねん》フランスのロレーヌ地方《ちほう》**で生《う》まれました。わたしが生《う》まれたその日《ひ》、ルイ十五世《せい》の王妃《おうひ》の父親《ちちおや》は、お城《しろ》でパーティーを開《ひら》こうとしていました。みんながいそがしく準備《じゅんび》するなか、パティシエがなかまの調理人《ちょうりにん》とけんかして、うちに帰《かえ》っちゃったんだって。**「もうすぐお客《きゃく》さまがくるというのに、お出《だ》しするお菓子《かし》がない」**とキッチンは大《だい》パニック。そのとき、料理《りょうり》じょうずな**マドレーヌというメイドさん**がとっさにつくったお菓子《かし》が、わたしだったんです。

マドレーヌさんは、キッチンにあったホタテの貝《かい》がらを見《み》て、**「そうだ！　これを型《かた》にして、おばあちゃんに教《おそ》わったお菓子《かし》を焼《や》いてみよう」**と思《おも》いついちゃった。そうして、小麦粉《こむぎこ》とおなじ量《りょう》のバター、それに卵《たまご》と砂糖《さとう》、ベーキングパウダーを混《ま》ぜた生地《きじ》を貝《かい》がらに流《なが》しこみ、黄金色《こがねいろ》のわたしを焼《や》き上《あ》げたんです。

バターたっぷりの風味《ふうみ》ゆたかな味《あじ》わいと、めずらしい貝《かい》がらの形《かたち》で、わたしはお

客《きゃく》さんたちに大《おお》ウケ、メイドさんの名前《なまえ》をもらって、たちまち世《よ》の中《なか》に広《ひろ》まっていきました。

今《いま》や**定番《ていばん》のフランス菓子《がし》**となったわたしは、どのお菓子屋《かしや》さんにも並《なら》べられています。材料《ざいりょう》が少《すく》なく、手順《てじゅん》もシンプルで失《しっ》敗《ぱい》しづらいので、**お菓子《かし》をつくってみたい子《こ》どもたちの最初《さいしょ》のお菓子《かし》**としても、わたしは人気《にんき》なんですよ。それにしても、そのいっしゅんのひらめきが二十一世紀《せいき》まで続《つづ》く**超《ちょう》ロングセラー**になるなんて、マドレーヌさんは考《かんが》えもしなかったでしょうね。

マドレーヌ・ポルミエ
十八世紀《せいき》のフランスにいためしつかいの女性《じょせい》

レベル

クイズ
17 わたしは、地球上《ちきゅうじょう》の地《ち》いきの中《なか》のひとつです

わたしは、「六大州《ろくだいしゅう》」の中《なか》の、**ひとつの地《ち》いき**ですが、わたしの名前《なまえ》は、もともと人《ひと》の、それも**美《うつく》しい王女《おうじょ》の名前《なまえ》**なんです。「六大州《ろくだいしゅう》」とは、地球《ちきゅう》上《じょう》の陸地《りくち》を六つにわけたものでアジア・アフリカ・北《きた》アメリカ・南《みなみ》アメリカ・オセアニア、そして、わたしのことをいいます。

わたしの名前《なまえ》は、**ギリシャ神話《しんわ》**に出《で》てくる王女《おうじょ》の名前《なまえ》からつけられました。その美《うつく》しさときたら、ギリシャの神《かみ》の中《なか》でいちばんえらい**ゼウスという神《かみ》**が、ひと目《め》で恋《こい》におちるほどだったんだって。ゼウスは、白《しろ》い雄牛《おうし》に変身《へんしん》して王女《おうじょ》をせなかにのせ、海《うみ》を渡《わた》って連《つ》れ去《さ》ります。**その雄牛《おうし》が走《はし》りまわった地《ち》いき**がわたしで、わたしはいつのまにか、王女《おうじょ》の名前《なまえ》で呼《よ》ばれるようになっちゃったんです。さて、わたしの名前《なまえ》はなんでしょう？

こたえは「ヨーロッパ」

わたしは「ヨーロッパ」という地《ち》いきです。欧州《おうしゅう》ともいわれてます。ユーラシア大陸《たいりく》の西《にし》にあって、まわりの島々《しまじま》をふくむ地《ち》いきです。わたしにはイギリス、フランス、ドイツ、イタリア、ギリシャなどたくさんの国《くに》があります。歴史《れきし》の古《ふる》い街《まち》なみや美《うつく》しい風景《ふうけい》が数多《かずおお》くのこされ、世界中《せかいじゅう》から観光客《かんこうきゃく》がおとずれてるんですよ。

わたしの名《な》は、ギリシャ神話《しんわ》の中《なか》の「エウロペ」という女性《じょせい》からもらってます。エウロペはフェニキアの王女《おうじょ》でしたが、美《うつく》しすぎたせいでドラマチックな運命《うんめい》をたどり、わたしに名《な》を残《のこ》すことになるのです。

その運命《うんめい》は、ある日《ひ》の午後《ごご》、エウロペが浜辺《はまべ》で花《はな》をつんでいるときにはじまります。天空《てんくう》から地上《ちじょう》を見《み》おろしていたゼウスが、エウロペを見《み》つけてひと目《め》ぼれしちゃったんです。ギリシャ神話《しんわ》の神《かみ》たちの王《おう》で、絶対《ぜったい》エースのゼウスは、白鳥《はくちょう》や黄金《おうごん》の雨《あめ》など、いろんなものにすがたを変《か》える力《ちから》を持《も》っています。エウロペを油断《ゆだん》させようと、ゼウスは白《しろ》くかがやく雄牛《おうし》に変身《へんしん》して、そばにそっと座《すわ》りました。

「なんてきれいなんでしょう」とエウロペは牛《うし》の頭《あたま》をなで、花輪《はなわ》をかけてあげると、なぜかふと、そのせなかにのってみたくなっちゃった。すると、雄牛《おうし》はとつぜん立《た》ち上《あ》がり、ものすごい勢《いきお》いで走《はし》り出《だ》して、**エウロペを連《つ》れ去《さ》ってしまった**のです。

そのときに、**雄牛《おうし》がまわった西《にし》の地《ち》いき**が「ヨーロッパ」と呼《よ》ばれるようになったといわれています。この名《な》は、「エウロペ」を英語《えいご》にしたもの、美《うつく》しい風景《ふうけい》のわたしにふさわしい、美《うつく》しい名前《なまえ》ですよね。

エウロペ
ギリシャ神話《しんわ》に出《で》てくる美《うつく》しい女性《じょせい》
古代《こだい》の王国《おうこく》フェニキア（今《いま》のレバノン）の王女《おうじょ》

レベル

クイズ

18 わたしは、古《ふる》くからあるあまい和菓子《わがし》です

わたしは、古《ふる》くからある、**あまい和菓子《わがし》**ですが、わたしの名前《なまえ》は、もともと**人《ひと》の名前《なまえ》**なんです。**中国《ちゅうごく》からきた医者《いしゃ》**の名前《なまえ》をそのままもらってるんですよ。はじめは**医者《いしゃ》のつくる薬《くすり》**が、その名前《なまえ》で呼《よ》ばれてたんだけど、それがとっても**苦《にが》くて飲《の》みにくい**ので、お口直《くちなお》しにとお菓子《かし》をそえて出《だ》していたんだって。そのお菓子《かし》がわたしで、ついでに**薬《くすり》とおなじ名前《なまえ》**で呼《よ》ばれるようになっちゃったんです。

それから六百年以上《ねんいじょう》たった今《いま》でも、わたしは、日本中《にほんじゅう》で食《た》べられてます。**ぷるぷる、もちもちの食感《しょっかん》**と、**上品《じょうひん》なあまさ**でファンの多《おお》いわたしは、おみやげとしてもよく知《し》られているんですよ。さて、わたしの名前《なまえ》はなんでしょう?

こたえは

「ういろう」

わたしは、**米《こめ》の粉《こな》を水《みず》でねり、砂糖《さとう》などを加《くわ》えてむした和菓子《わがし》**です。**「ういろう」**という名《な》で知《し》られてます。そもそもこの名《な》は、室町時代《むろまちじだい》に中国《ちゅうごく》から日本《にほん》にきた**「陳外郎《ちんういろう》」**という医者《いしゃ》の名前《なまえ》でしたが、はじめは、この医者《いしゃ》のつくった薬《くすり》が**「外郎薬《ういろうやく》」**と呼《よ》ばれ、**なんにでもよく効《き》く**とひょうばんになったんだって。だけど苦《にが》くてとっても飲《の》みづらい。そこで、お口直《くちなお》しにとつくられたお菓子《かし》がわたしで、わたしのほうは**「外郎菓子《ういろうがし》」**と呼《よ》ばれるようになりました。室町幕府《むろまちばくふ》**三代将軍《だいしょうぐん》**の**足利義満《あしかがよしみつ》**に「外郎薬《ういろうやく》」をさし上《あ》げるときにも、わたしはいっしょに連《つ》れていかれたんですよ。

江戸時代《えどじだい》になって、外郎薬《ういろうやく》は、歌舞伎役者《かぶきやくしゃ》の**二代目市川團十郎《だいめいちかわだんじゅうろう》**のひどい咳《せき》を止《と》めたことで、たいへんな話題《わだい》になりました。外郎薬《ういろうやく》のおかげで**しつこい咳《せき》がピタリと止《と》まった**ことに感謝《かんしゃ》して、團十郎《だんじゅうろう》は薬《くすり》を売《う》るようすを**「外郎売《ういろううり》」というおしばい**にして上演《じょうえん》します。そのしばいが大当《おおあ》たり、市川家《いちかわけ》のいちばんとくいな出《だ》し

1322年《ねん》～1395年《ねん》

陳外郎《ちんういろう》
中国《ちゅうごく》（元《げん》の時代《じだい》）の医者《いしゃ》

ものとなりました。中《なか》でも、**早口言葉《はやくちことば》を一《いっ》気《き》にいうシーン**は有名《ゆうめい》なんだけど、そのセリフ、今《いま》ではアナウンサーの話《はな》し方《かた》の練習《れんしゅう》に使《つか》われているんだって。

そうはいっても、今《いま》では、ういろうといえばこのわたし、つまりお菓子《かし》のほうなんですよね。わたしは、小田原《おだわら》や名古屋《なごや》、山口《やまぐち》の名産品《めいさんひん》として、したしまれているんです。さいきんでは**まっ茶《ちゃ》**、**こしあん**、**ゆず**、**桜《さくら》**など、いろんな味《あじ》のわたしも出《で》てきて、昔《むかし》ながらのつくり方《かた》を守《まも》りながら、**どんどんおしゃれ**になってるんですよ。

レベル

クイズ19

わたしは、春先《はるさき》に咲《さ》く花《はな》です

わたしは、**春先《はるさき》に咲《さ》く花《はな》**です。冬《ふゆ》の寒《さむ》さにも負《ま》けない美《うつく》しい花《はな》ですが、わたしの名前《なまえ》は、もともと**人《ひと》の名前《なまえ》**なんですよ。わたしは、庭《にわ》にそのまま植《う》えることもできるし、球根《きゅうこん》の水栽培《みずさいばい》でも鉢植《はちう》えでも**育《そだ》てやすい花《はな》**です。紫《むらさき》のほか、白《しろ》やピンク、黄色《きいろ》などの色《いろ》があり、色《いろ》によって**「悲《かな》しみ」「しっと」「遊《あそ》び」「勝負《しょうぶ》」**など、**花言葉《はなことば》もいろいろ**あります。これらの花《はな》言葉《ことば》には、わたしに名前《なまえ》をくれた少年《しょうねん》にまつわる、悲《かな》しいストーリーがかくされているんですよ。

その人《ひと》は、**ギリシャ神話《しんわ》に出《で》てくる美《うつく》しい少年《しょうねん》**でした。少年《しょうねん》の死《し》によってわたしは生《う》まれ、その名《な》をつけられたんです。さて、わたしの名前《なまえ》はなんでしょう？

しっかりしろーっ

こたえは

「ヒヤシンス」

わたしは**「ヒヤシンス」**という花《はな》です。冬《ふゆ》の寒《さむ》さに耐《た》えて色《いろ》とりどりに咲《さ》き、甘《あま》い香《かお》りで春《はる》のおとずれを知《し》らせます。

わたしの名前《なまえ》は、ギリシャ神話《しんわ》に出《で》てくる少年《しょうねん》**「ヒュアキントス」**からもらいました。ギリシャ神話《しんわ》は、古代《こだい》ギリシャから語《かた》りつがれている物語《ものがたり》で、たくさんの神《かみ》が出《で》てきます。美《うつく》しい少年《しょうねん》だったヒュアキントスは、**太陽神《たいようしん》のアポロンと西《にし》風《かぜ》の神《かみ》ゼピュロス**の二人《ふたり》に愛《あい》されます。そして悲劇《ひげき》が起《お》こります。

それは、ヒュアキントスとアポロンが円《えん》ばん投《な》げをして遊《あそ》んでいるときのこと。ゼピュロスがたまたまそこをとおりかかります。スポーツがとくいなヒュアキントスと、スポーツも楽器《がっき》もなんでもこなすアポロンは、**とてもいい遊《あそ》び相手《あいて》**でした。楽《たの》しそうな二人《ふたり》を見《み》たゼピュロスはちょっといじわるをしたくなって、とくいの西《にし》風《かぜ》を吹《ふ》かせて円《えん》ばんをひと吹《ふ》きしちゃった。風《かぜ》にあおられた**円《えん》ばんはヒュアキントスを直撃《ちょくげき》**し、ヒュアキントスは、頭《あたま》から血《ち》を流《なが》して死《し》んでしまいました。

東風《ひがしかぜ》、北風《きたかぜ》、南風《みなみかぜ》というきょうだい四《よ》人《にん》の風《かぜ》の神《かみ》のなかでいちばんおだやかな性《せい》格《かく》で、よく人《ひと》を助《たす》けていた西風《にしかぜ》のゼピュロスだったのに、どうしてパワーの出《だ》し方《かた》をあやまったのか。しっとの心《こころ》が、ゼピュロスの**手元《てもと》をくるわせた**にちがいありません。**その血《ち》がしみこんだ地面《じめん》から咲《さ》いた紫《むらさき》の花《はな》**、それがわたしで、「ヒュアキントス」の名《な》から「ヒヤシンス」と呼《よ》ばれるようになりました。紫《むらさき》のヒヤシンスの花言葉《はなことば》は、**「悲《かな》しみ」**、わたしの生《う》まれた物語《ものがたり》にふさわしいものでした。

ヒュアキントス
「ギリシャ神話《しんわ》」に出《で》てくる美《うつく》しい少年《しょうねん》
古代《こだい》ギリシャのスパルタ国《こく》の王子《おうじ》

レベル

クイズ20

わたしは、レタスをつかったサラダです

わたしは、**レタスをつかったサラダ**ですが、わたしの名前《なまえ》、じつは、もともと**人《ひと》の名前《なまえ》**なんです。いろんな材料《ざいりょう》をまぜてつくる、**独特《どくとく》な風味《ふうみ》のドレッシング**が、とくに人気《にんき》なんですよ。

わたしが生《う》まれたのは**1924年《ねん》7月《がつ》4日《か》**です。生《う》まれた場所《ばしょ》は、アメリカとの国境《こっきょう》に近《ちか》いメキシコの街《まち》、そこにある**ホテルのレストラン**でした。その夜《よる》、お客《きゃく》でいっぱいの店《みせ》は、料理《りょうり》の材料《ざいりょう》がたりなくなって大《おお》あわて。そこで、料理人《りょうりにん》が**残《のこ》った食《しょく》ざい**で、とっさにわたしをつくり出《だ》したんです。店《みせ》のピンチから生《う》まれたわたしは、あまりのおいしさに伝説《でんせつ》のサラダとなりました。そして、**その料理人《りょうりにん》の名前《なまえ》**をもらい、たちまち世界《せかい》に広《ひろ》まっていったんです。さて、わたしの名前《なまえ》はなんでしょう?

こたえは

「シーザーサラダ」

わたしは、**「シーザーサラダ」**です。ローマ帝国《ていこく》の将軍《しょうぐん》**「ジュリアス・シーザー」**の好物《こうぶつ》だったのでその名《な》がついたという話《はなし》もあるけど、それはでたらめ、とんだ**「シーザーちがい」**なんですよ。わたしをつくり、名前《なまえ》もくれたのは**「シーザー・カルディーニ」**という料理人《りょうりにん》なんです。

7月4日《がつよっか》は、**アメリカの独立記念日《どくりつきねんび》**なんだけど、当時《とうじ》のアメリカは**お酒《さけ》が禁止《きんし》**されていたので、お祝《いわ》いのかんぱいができなかったんです。そこで、おおぜいのアメリカ人《じん》が、となりの国《くに》のメキシコにあるシーザーさんの店《みせ》**「シーザーズ・プレイス」**に、国境《こっきょう》をこえて押《お》しよせました。店《みせ》は、飲《の》むわ食《た》べるわの大《おお》にぎわい、**料理《りょうり》がすっかりなくなっちゃった。**困《こま》ったシーザーさんは、キッチンに残《のこ》っていたサラダの材料《ざいりょう》をワゴンにのせ、客《きゃく》のテーブルにはこびました。そして、おおぜいの客《きゃく》の目《め》の前《まえ》で、オリーブオイルだのソースだのチーズだの卵《たまご》だのと**あれこれまぜてドレッシングをつくり**、レタスにかけてサラダをつくりました。

そのみごとな手《て》さばきに客《きゃく》は大《おお》さわぎ、食《た》べては「うまい！」とまた大《おお》さわぎ。その夜《よる》生《う》まれたわたしはアメリカへ、さらには世界《せかい》へと広《ひろ》まっていったのです。

その後《ご》、シーザーさん一家《いっか》はアメリカに渡《わた》り、シーザーサラダの**ドレッシングを売《う》り出《だ》し**、これが大《だい》ヒットしてお金持《かねも》ちになったそう。今《いま》もこのドレッシングは売《う》られており、レストランのほうもメキシコのティファナという街《まち》にあって、シーザーサラダを目《め》あてに多《おお》くの観光客《かんこうきゃく》がおとずれています。

1896年《ねん》～1956年《ねん》

シーザー・カルディーニ

メキシコでレストランを営《いとな》むイタリア人《じん》の料理人《りょうりにん》

倉本美津留《くらもとみつる》の語源《ごげん》コラム❷

さて、ここまで読《よ》んでみてどうだった?

意外《いがい》なことだらけでおどろいたでしょ!

もともと人名《じんめい》の言葉《ことば》は本当《ほんとう》にたくさんあって、なのにそのエピソードがぜんぜん語《かた》られてなかったりしてもったいないな～ってずっと思《おも》ってたんだ。だからこの本《ほん》が出《だ》せて幸《しあわ》せです。

でも今回《こんかい》はページの都合《つごう》で全部《ぜんぶ》はとりあげられない……。

「ギロチン」はお医者《いしゃ》さんから。「ヤマカン」は戦国武将《せんごくぶしょう》の山本勘助《やまもとかんすけ》から。クリスマスに欠《か》かせない植物《しょくぶつ》の「ポインセチア」はアメリカの初代駐《しょだいちゅう》メキシコ大使《たいし》から。「モールス信号《しんごう》」は科学者《かがくしゃ》の名前《なまえ》が付《つ》いてそうだけどなぜか画家《がか》から。「カルパッチョ」も料理人《りょうりにん》じゃなくて、画家《がか》の名前《なまえ》からなんだよ! そしてみんな大好《だいす》きな「じゃがりこ」のリコはある女性《じょせい》の名前《なまえ》!

気《き》になったら自分《じぶん》で調《しら》べてみよう! 調《しら》べているあいだにほかにも気《き》になることがどんどん増《ふ》えてきて楽《たの》しくなっちゃうよ!

レベル3

これがわかったら、国語博士《こくごはかせ》になれるかも!?

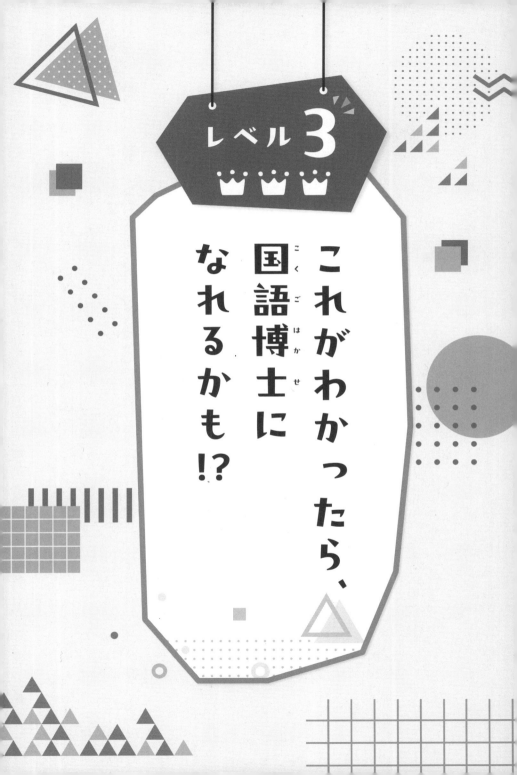

レベル

クイズ21 わたしは、管楽器《かんがっき》の一しゅです

わたしは楽器《がっき》ですが、わたしの名前《なまえ》、もとは人《ひと》の名前《なまえ》なんです。わたしは、くだに息《いき》をふきこんで音《おと》を出《だ》すしくみの管楽器《かんがっき》の一しゅです。管《かん》楽器《がっき》としてはいちばん若《わか》く、生《う》まれたのは十九世紀《せいき》のなかばごろ。そのころにはすでにオーケストラがつくられていて、わたしの入《はい》る場所《ばしょ》がなかったので、オーケストラのレギュラーメンバーにはなれませんでした。でも「高《たか》い音《おと》から低《ひく》い音《おと》まで出《だ》せるし、やわらかい音《おと》、強《つよ》い音《おと》など音色《ねいろ》もいろいろに出《だ》せるのがいいね」なんて言《い》われて、吹奏楽《すいそうがく》やジャズの演《えん》そうに欠《か》かせない存在《そんざい》になりました。

舞台《ぶたい》に立《た》つわたし、すごく目立《めだ》ってかっこいいんですよ。そんなわたしには、わたしを発明《はつめい》したベルギーの楽器製作者《がっきせいさくしゃ》の名前《なまえ》がついています。

さて、わたしの名前《なまえ》はなんでしょう？

こたえは

「サックス」

わたしは、**サクソフォン**という管楽器《かんがっき》で、ふだんは**「サックス」**と呼《よ》ばれてます。

管楽器《かんがっき》は、音《おと》を出《だ》すしくみによって、金管楽器《きんかんがっき》と木管楽器《もっかんがっき》に分《わ》けられます。わたしの場合《ばあい》はボディが金属《きんぞく》なので、金管楽器《きんかんがっき》みたいだけど、フルートとおなじしくみの**木管楽器《もっかんがっき》**なんです。そんなわたしは、**「金管楽器《きんかんがっき》と木管楽器《もっかんがっき》の両方《りょうほう》のよさを持《も》った新《あたら》しい管楽器《かんがっき》」**として、この世《よ》に生《う》まれました。それでわたしは、木管《もっかん》楽器《がっき》のフルートみたいなやさしくて細《こま》やかな音《おと》も、金管楽器《きんかんがっき》のトランペットみたいなはなやかに響《ひび》く音《おと》も出《だ》せちゃうんですよね。

大昔《おおむかし》、楽器《がっき》は動物《どうぶつ》の骨《ほね》や皮《かわ》でつくられてたけど、今《いま》から二千二百年前《ねんまえ》ごろにはオルガンみたいなふくざつな楽器《がっき》がつくられるようになったんだそう。そこへいくとわたしはぐっと若《わか》くて、生《う》まれたのは1845年《ねん》のこと。**「アドルフ・サックス」**という、ベルギーの**楽器《がっき》づくりの名人《めいじん》**によってつくられ、その名《な》をもらいました。

アドルフは、楽器製作者《がっきせいさくしゃ》の父親《ちちおや》のもとで、**六歳《さい》から楽器《がっき》づくりを手伝《てつだ》ってきた**

1814年《ねん》～1894年《ねん》

んだって。やがてわたしを発明《はつめい》したサックスは、大小《だいしょう》いろんなわたしをつくり、わたしだけでオーケストラを組《く》むことを夢《ゆめ》みます。でも、その夢《ゆめ》はかないませんでした。わたしの人気《にんき》がガタ落《お》ちしちゃったからです。けれど、海《うみ》を渡《わた》ってアメリカに行《い》き、ジャズを演奏《えんそう》するようになって、わたしはかっこよく生《う》まれ変《か》わりました。

今《いま》では、わたしはクラシックやロック、ポップスまで、あらゆるジャンルのコンサートに呼《よ》ばれて大《おお》いそがしなんですよ。

アドルフ・サックス

ベルギーの楽器製作者《がっきせいさくしゃ》

レベル

クイズ

22

わたしは、体《からだ》の一部《いちぶ》です

わたしは、**体《からだ》の一部《いちぶ》**です。もっというと**足《あし》の一部《いちぶ》**ですが、わたしの名《な》前《まえ》、じつをいうともともと**人《ひと》の名前《なまえ》**なんです。それもただの人《ひと》じゃないんですよ。**ギリシャ神話《しんわ》に出《で》てくる英雄《えいゆう》**の名前《なまえ》だというんだから、かっこいいでしょ。わたしは、歩《ある》いたり、走《はし》ったりするのにとても重要《じゅうよう》な役目《やくめ》をはたしているので、英雄《えいゆう》の名前《なまえ》はまさにぴったりですよね。

でも、ざんねんなことに、わたしは足《あし》の部分《ぶぶん》の名前《なまえ》だけではなくて、**「ただ一つの弱点《じゃくてん》」**なんていう〝たとえ〟にもつかわれちゃっているんですよね。わたしに矢《や》がささって、**不死身《ふじみ》のはずの英雄《えいゆう》が死《し》んでしまった**からなんだって。さて、わたしの名前《なまえ》はなんでしょう？

あーーーっ
プスッ

こたえは「アキレス腱《けん》」

わたしは、足首《あしくび》のうしろにある、**かたくて太《ふと》い腱《けん》**です。腱《けん》って、**筋肉《きんにく》と骨《ほね》をつなぐ筋《すじ》**のこと。わたしの場合《ばあい》、ふくらはぎの筋肉《きんにく》とかかとの骨《ほね》をつないでいて、歩《ある》くためにとっても大切《たいせつ》な役目《やくめ》を持《も》ってるんですよ。しかも、体《からだ》の中《なか》で**いちばん太《ふと》くて強《つよ》い腱《けん》**なんです。

そんなわたし**「アキレス腱《けん》」**は、ギリシャ神話《しんわ》に出《で》てくる英雄《えいゆう》**「アキレス」**の名前《なまえ》をいただいちゃってます。いかにも強《つよ》そうでしょ。

このアキレス、どんなに刀《かたな》で切《き》られても、なん本矢《ぼんや》が当《あ》たってもへっちゃらで、決《けっ》して死《し》にません。なぜかというと、生《う》まれたばかりのアキレスを母親《ははおや》が、**「入《はい》れば死《し》なくなる」**という**ふしぎな川《かわ》**に入《い》れたからなんです。

そもそも神様《かみさま》は死《し》なないんだけど、海《うみ》の女神《めがみ》である母親《ははおや》と人間《にんげん》の父親《ちちおや》との間《あいだ》に生《う》まれたアキレスは、**人間《にんげん》の血《ち》を引《ひ》いています**。ということは、アキレスはいつか**死《し》んでしまう運命《うんめい》**にあるというわけ。そんな運命《うんめい》をおそれて、母親《ははおや》は赤《あか》ちゃんの

アキレスをふしぎな川《かわ》の水《みず》につけたんです。さあ、これで安心《あんしん》。アキレスは、もう決《けっ》して死《し》ぬことはないんですから。

ところが、あるとき一本《ぽん》の矢《や》がわたしにささると、アキレスはあっけなく死《し》んでしまいました。**不死身《ふじみ》のはずが、なぜ？**

それは、母親《ははおや》の手《て》がアキレスの足首《あしくび》をぎゅっとにぎって、さかさにして川《かわ》に入《い》れたため、そこだけ水《みず》につかっていなかったから。そんなわけで、わたしは**「どんな強《つよ》いものにも、一つはある弱《よわ》いところ」**という意味《いみ》でも使《つか》われるようになりました。

アキレス
ギリシャ神話《しんわ》に出《で》てくる英雄《えいゆう》

レベル

クイズ
23 わたしは、京都《きょうと》生《う》まれの和菓子《わがし》です

わたしは、京都《きょうと》生《う》まれの和菓子《わがし》ですが、わたしの名前《なまえ》は、もともと人《ひと》の名前《なまえ》なんです。わたしには歯《は》ごたえのある焼《や》いたもの、やわらかな蒸《む》したものといろいろあるけど、薄《うす》い皮《かわ》にあんを入《い》れて三角《さんかく》に折《お》ったものが、いちばんよく知《し》られてるかもしれませんね。

わたしは、江戸時代《えどじだい》のはじめごろに活《かつ》やくした琴《こと》の演奏家《えんそうか》の名前《なまえ》をいただいてます。その人《ひと》をしのんで、わたしが生《う》まれたからなんです。

三百三十年前《ねんまえ》にわたしが生《う》まれたその場所《ばしょ》には、今《いま》もわたしの店《みせ》があって、観光客《かんこうきゃく》や修学旅行《しゅうがくりょこう》の生徒《せいと》たちがたくさんやってきます。材料《ざいりょう》もつくり方《かた》もずっとそのままに、わたしは京都《きょうと》のおみやげナンバーワンの地位《ちい》をキープしているんですよ。さて、わたしの名前《なまえ》はなんでしょう?

こたえは「八《や》ツ橋《はし》」

京都《きょうと》のおみやげといえばわたし、名《な》を「**八ツ橋《やはし》**」と申《もう》します。琴《こと》の名手《めいしゅ》「**八橋《やつはし》検校《けんぎょう》**」にいただいた名前《なまえ》です。検校《けんぎょう》は、**目《め》が不自由《ふじゆう》な人《ひと》の最高《さいこう》の位《くらい》**のこと。歌《うた》や楽器《がっき》の演奏家《えんそうか》にあたえられ、幕府《ばくふ》によってその芸《げい》や活動《かつどう》が守《まも》られていたんだって。生《う》まれたときから目《め》が不自由《ふじゆう》だった八橋検校《やつはしけんぎょう》さんは、さいしょに大坂《おおさか》（今《いま》の大阪《おおさか》）で三味線《しゃみせん》を修行《しゅぎょう》して、江戸《えど》に出《で》て琴《こと》をきわめます。そして、**琴《こと》の新《あたら》しい演奏法《えんそうほう》**をあみだし、京都《きょうと》に移《うつ》り住《す》んでからはたくさんの弟子《でし》を育《そだ》て、「**六段《ろくだん》の調《しらべ》**」など多《おお》くの名曲《めいきょく》を残《のこ》しました。

検校《けんぎょう》さんがおしまれながら亡《な》くなると、検校《けんぎょう》さんを慕《した》っていた弟子《でし》たちが、おおぜい墓《はか》まいりに訪《おとず》れるようになりました。そこで、お寺《てら》にある茶店《ちゃみせ》が検校《けんぎょう》さんをしのんで、**琴《こと》の形《かたち》をした焼《や》き菓子《がし》**をつくりはじめます。それがわたしで、検校《けんぎょう》さんの名前《なまえ》のまんま「八ツ橋《やはし》」と名《な》づけられたんです。1689年《ねん》江戸幕府《えどばくふ》の**五代将軍徳川綱吉《だいしょうぐんとくがわつなよし》**のころのことです。

さいしょのわたしは、米粉《こめこ》と砂糖《さとう》、ニッキを混《ま》ぜた生地《きじ》を琴《こと》の形《かたち》に焼《や》いた、**かたいせんべい**でした。1905年《ねん》、京都駅《きょうとえき》の売《ばい》店《てん》に置《お》かれるようになると、わたしは旅《たび》人《びと》に連《つ》れられ、汽車《きしゃ》に乗《の》って全国《ぜんこく》に広《ひろ》まっていきました。昭和《しょうわ》の時代《じだい》には、蒸《む》してつくる**「生八ツ橋《なまやつはし》」**や、三角《さんかく》に折《お》られた**「あん入《い》りの生八ツ橋《なまやつはし》」**などもつくられるようになって、新《あたら》しいなかまがどんどん加《くわ》わりました。これからも伝統《でんとう》のつくり方《かた》に新《あたら》しいアイデアを加《くわ》えながら、**京都《きょうと》の思《おも》い出《で》の味《あじ》**として伝《つた》えられていくことでしょう。

1614年《ねん》〜1685年《ねん》

八橋検校《やつはしけんぎょう》
江戸時代《えどじだい》の琴《こと》の演奏家《えんそうか》・作曲家《さっきょくか》

レベル

クイズ

24

わたしは、絵《え》の一しゅです

わたしは、**絵《え》の一しゅ**ですが、わたしの名前《なまえ》、もとは**人《ひと》の名前《なまえ》**なんです。ものの形《かたち》だけをササッと描《えが》いて、黒《くろ》などのひとつの色《いろ》で、**中《なか》をぬりつぶす**というシンプルな絵《え》、それがわたしです。**人《ひと》の横顔《よこがお》**なんかを描《えが》くのにとてもいいので、今《いま》でもよく描《えが》かれていますよ。

ものの形《かたち》だけをあらわす、わたしのような絵《え》は古《ふる》くからあったけど、わたしが注目《ちゅうもく》をあびるようになったのは**十八世紀《せいき》のフランス**でのことでした。ある事情《じじょう》から、ひとりの大臣《だいじん》がわたしをみんなにすすめて、それをきっかけに、わたしはわあっと世《よ》の中《なか》に広《ひろ》まっちゃいました。それで、わたしはその人《ひと》の名前《なまえ》で呼《よ》ばれるようになったんです。今《いま》ではわたし、絵《え》だけじゃなくて、**ものの影《かげ》や形《かたち》をさす言葉《ことば》**にもなってます。さて、わたしの名前《なまえ》はなんでしょう？

わたしは何かな？

こたえは

「シルエット」

わたしは**「シルエット」**と呼《よ》ばれる絵《え》です。ものに光《ひかり》を当《あ》てて壁《かべ》にその形《かたち》を映《うつ》す**「影絵《かげえ》」**や、ものの形《かたち》を紙《かみ》に切《き》りとる**「切《き》り絵《え》」**もわたしのなかまなんですよ。

わたしに名前《なまえ》をくれたのは、フランスの王《おう》ルイ十五世《せい》につかえる**「シルエット」**という**財務大臣《ざいむだいじん》**でした。財務大臣《ざいむだいじん》って、国《くに》のお金《かね》をあつかう大切《たいせつ》な仕事《しごと》をする人《ひと》のこと。1756年《ねん》から七年《ねん》もの間《あいだ》、フランスはイギリスなどとの戦争《せんそう》をつづけたせいで、**国《くに》の金庫《きんこ》がすっからかん**になっちゃった。あせったシルエットは**「節約《せつやく》大作戦《だいさくせん》」**をはじめます。その作戦《さくせん》のひとつとして目《め》をつけられたのが、わたしだったんです。

　このころ、貴族《きぞく》や政治家《せいじか》などのえらい人《ひと》たちの間《あいだ》では、自分《じぶん》や家族《かぞく》を**肖像画《しょうぞうが》にかいてもらうのがはやってた**んだって。写真《しゃしん》がまだ発明《はつめい》されてなかったからなんだけど、肖像画《しょうぞうが》はとにかく高《たか》い。とくに有名《ゆうめい》な画家《がか》にかいてもらうとなると、目《め》玉《だま》が飛《と》び出《で》ちゃうほどの**大金《たいきん》が必要《ひつよう》**だったそう。国《くに》がびんぼうなのに、そんなぜ

1709年《ねん》～1767年《ねん》

いたくは許《ゆる》されません。そこで大臣《だいじん》は、絵《え》の具代《ぐだい》や画家《がか》にはらうお金《かね》を節約《せつやく》しようと、人《ひと》の横顔《よこがお》の形《かたち》だけ描《えが》いて、中《なか》をぬりつぶすわたしをみんなに強《つよ》くすすめます。わたしは、大臣《だいじん》の名前《なまえ》そのままの「シルエット」と呼《よ》ばれて、一気《いっき》に広《ひろ》まっていきました。

さらに、わたしは「山《やま》の美《うつく》しいシルエット」とか、「洋服《ようふく》のきれいなシルエット」みたいに、形《かたち》をあらわす言葉《ことば》にもなりました。今《いま》では、形《かたち》だけで名前《なまえ》を当《あ》てる「シルエット・クイズ」もよく知《し》られてますよね。

エティエンヌ・ド・シルエット

フランスの貴族《きぞく》・政治家《せいじか》

レベル

クイズ

25 わたしは、有名《ゆうめい》なもようです

わたしは、**有名《ゆうめい》なもようのひとつ**ですが、なんと、わたしの名前《なまえ》は、もともと**人《ひと》の名前《なまえ》**なんです。日本人《にほんじん》にはおなじみのもようだから、みんな**どこかで見《み》たことがある**んじゃないかな？　ほら、ゆかたや手《て》ぬぐいなんかによく使《つか》われている、あの柄《がら》ですよ。

わたしに名前《なまえ》がついたのは、**江戸時代《えどじだい》の真《ま》ん中《なか》ごろ**のことでした。このころ、人気《にんき》の**歌舞伎役者《かぶきやくしゃ》**は、みなオリジナルのもようを考《かんが》えて、**舞台《ぶたい》の衣《い》しょう**に使《つか》っていたんだって。そのなかでも、とくに人気《にんき》があった歌舞《かぶ》伎役者《きやくしゃ》が舞台《ぶたい》で着《き》ていた衣《い》しょうの柄《がら》が、**女性《じょせい》たちの間《あいだ》で大流行《だいりゅうこう》**。それで、その役者《やくしゃ》の名前《なまえ》がそのまま、わたしの名前《なまえ》になっちゃったんです。さて、わたしの名前《なまえ》はなんでしょう？

こたえは

「市松《いちまつ》もよう」

わたしは、「紺《こん》と白《しろ》」「赤《あか》と白《しろ》」など、**ふたつの色《いろ》の四角形《しかくけい》をたがいちがいに並《なら》べたもよう**です。**平安時代《へいあんじだい》**の昔《むかし》から、貴族《きぞく》の衣《い》しょうの柄《がら》などに使《つか》われ、**「あられ紋《もん》」**とか**「石《いし》だたみ」**なんて呼《よ》ばれていました。

そんなわたしが、江戸時代《えどじだい》のなかばごろに、**とつぜん大流行《だいりゅうこう》**しちゃいます。そのきっかけをつくったのが、**「佐野川市松《さのがわいちまつ》」**という**歌舞伎役者《かぶきやくしゃ》**だったんです。あるとき、市松《いちまつ》さんが舞台《ぶたい》で着《き》ていた衣《い》しょうのもようが、**「粋《いき》だ」「すてきだ!」**と**大評判《だいひょうばん》**になり、江戸《えど》から京《きょう》、そして大坂《おおさか》(今《いま》の大阪《おおさか》)へと全国《ぜんこく》に広《ひろ》まっていきます。それが「紺《こん》」と「白《しろ》」を組《く》んだわたしで、市松《いちまつ》さんの名前《なまえ》そのまんまに**「市《いち》松《まつ》もよう」**と呼《よ》ばれるようになりました。

当時《とうじ》の歌舞伎役者《かぶきやくしゃ》は、今《いま》でいう**アイドルみたいな存在《そんざい》**だったので、みんな自分《じぶん》の好《す》きな役者《やくしゃ》さんの着《き》ている舞台衣《ぶたいい》しょうとおなじ柄《がら》のゆかたや手《て》ぬぐいをほしがったんだって。市松《いちまつ》さんは、ことにたいへんな人気《にんき》で、ゆかたや手《て》ぬぐいはもち

1722年《ねん》～1762年《ねん》

佐野川市松《さのがわいちまつ》
江戸時代《えどじだい》の歌舞伎役者《かぶきやくしゃ》

ろんのこと、子役《こやく》のころの市松《いちまつ》さんをモデルにした人形《にんぎょう》までつくられ、**「市松人形《いちまつにんぎょう》」**と呼《よ》ばれて、大《だい》ブームになるほどだったそうです。

そんなスーパーアイドルから名前《なまえ》をいただいたわたしは、**「よいことが広《ひろ》がっていく縁起《えんぎ》のよい柄《がら》だね」**なんて言《い》われちゃって、うれしいことに、今《いま》もお祝《いわ》いごとによく使《つか》われています。2021年《ねん》に開《ひら》かれた**東京《とうきょう》オリンピック・パラリンピックのエンブレム**にも、紺《こん》と白《しろ》の「市松《いちまつ》もよう」がデザインされているんですよ。

レベル

クイズ 26 わたしは、ロシアを代表《だいひょう》する料理《りょうり》です

わたしは、**ロシアを代表《だいひょう》する料理《りょうり》**のひとつです。とっても**人気《にんき》の肉料《にくりょう》理《り》**ですが、わたしの名前《なまえ》はもともと**人《ひと》の名前《なまえ》**なんですよ。

ロシアは、世界《せかい》でいちばん広《ひろ》い国《くに》で、なんと**国土《こくど》が日本《にほん》の約《やく》四十五倍《ばい》**もあるんだって。そして、ものすごく寒《さむ》いことで知《し》られてます。そう、わたしは寒《さむ》い国《くに》の、寒《さむ》い夜《よる》にぴったりの**あったかーい料理《りょうり》**なんです。そんなわたし、**ロシアの貴族《きぞく》**の名前《なまえ》をいただいてます。

その貴族《きぞく》はたいへんな大金持《おおがねも》ちで、芸術《げいじゅつ》や学問《がくもん》をこよなく愛《あい》し、そして**人一倍《ひといちばい》くいしんぼう**だったそうです。牛肉《ぎゅうにく》と玉《たま》ねぎを煮《に》こむだけでつくれて、しかもごうかなごちそうのわたしにふさわしい人《ひと》と言《い》えるでしょうね。さて、わたしの名前《なまえ》はなんでしょう?

こたえは「ビーフストロガノフ」

わたしは、「ビーフストロガノフ」という料理《りょうり》です。ロシアの貴族《きぞく》**ストロガノフ伯爵《はくしゃく》**の名前《なまえ》をそのまんまいただいてます。

ストロガノフ家《け》は、十六世紀《せいき》に先祖《せんぞ》が塩《しお》づくりで大金持《おおがねも》ちになり、代々栄《だいだいさか》えてきた**とってもパワーのある一族《いちぞく》**なんです。この伯爵《はくしゃく》ももちろん大金持《おおがねも》ちで、学問《がくもん》や芸術《げいじゅつ》にくわしく、そのうえ**たいへんなグルメ**で、いちばんの好物《こうぶつ》はビーフステーキだったそう。でも、年《とし》をとって歯《は》がぬけて、食《た》べられなくなっちゃったんだって。そこで、伯爵家《はくしゃくけ》の料理人《りょうりにん》が、牛肉《ぎゅうにく》を細切《こまぎ》りにして**食《た》べやすくした料理《りょうり》**を考《かんが》えだしたんです。それがわたしのはじまりで、代々《だいだい》ストロガノフ家《け》に伝《つた》えられ、やがて「ビーフストロガノフ」の名《な》で、ロシア中《じゅう》に広《ひろ》まっていったんだそう。

わたしにまつわる言《い》い伝《つた》えは、ほかにもありますよ。街《まち》の人《ひと》びとを毎晩《まいばん》のように家《いえ》に招《まね》いて、夕食《ゆうしょく》をごちそうしていた伯爵《はくしゃく》の**気前《きまえ》のよさに感激《かんげき》した人《ひと》びと**が、わたしを伯爵《はくしゃく》の名《な》で呼《よ》ぶようになった、というのがそのひとつ。また、**夜中《よなか》にお**

なかのすいた伯爵《はくしゃく》が、キッチンにあった牛《ぎゅう》肉《にく》を細《ほそ》く切《き》って煮《に》こんで食《た》べてみたら、おいしくってびっくり！　それが広《ひろ》まった、なんて説《せつ》もあります。

最後《さいご》にサワークリームを加《くわ》えてコクを出《だ》すのが、伯爵家《はくしゃくけ》に伝《つた》わるわたしのつくり方《かた》だけど、さいきんでは、**トマトソースやデミグラスソース**を加《くわ》えるなど、いろんなレシピが出《で》てきました。ライスをそえたり、パスタにかけたりなど、食《た》べ方《かた》もいろいろ楽《たの》しめるようになって、わたしの人気《にんき》は、これからもつづいていきそうです。

1733年《ねん》～1811年《ねん》

アレクサンドル・ストロガノフ

ロシアの貴族《きぞく》・政治家《せいじか》

レベル

クイズ 27

わたしは、からだにつかう道具《どうぐ》です

わたしは、**からだにつかう道具《どうぐ》**ですが、わたしの名前《なまえ》、もともとは**人《ひと》の名前《なまえ》**なんです。わたしは**細長《ほそなが》い棒《ぼう》**の形《かたち》をしていて、つかうと**とっても気《き》もちよくなる**んですよ。

そんなわたしの名前《なまえ》は、**中国《ちゅうごく》に伝《つた》わる女性《じょせい》の仙人《せんにん》**からもらいました。仙人《せんにん》って、中国《ちゅうごく》の物語《ものがたり》に出《で》てくる老人《ろうじん》のことで、人間界《にんげんかい》をはなれた深《ふか》い山《やま》の中《なか》に住《す》み、年《とし》を取《と》らない方法《ほうほう》や死《し》なない方法《ほうほう》を身《み》につけた、**ふしぎなパワーの持《も》ち主《ぬし》**のこと。その女性《じょせい》の仙人《せんにん》は、若《わか》く美《うつく》しいすがたをしていて、**すばらしく長《なが》いつめ**がとくに目立《めだ》っていたそうです。そのつめが、わたしという道具《どうぐ》にぴったりだったので、仙女《せんにょ》の名前《なまえ》をそのまんまつけられちゃったというわけです。さて、わたしの名前《なまえ》はなんでしょう？

こたえは「孫《まご》の手《て》」

わたしは「孫《まご》の手《て》」という名《な》の、体《からだ》をかくための道具《どうぐ》です。「せなかがかゆい〜、でも手《て》がとどかない」、そんなときにはわたしをつかってくださいね。

わたしは木《き》や竹《たけ》でできた細長《ほそなが》い棒《ぼう》です。さいきんでは、プラスチックやステンレスのわたしも出《で》てきたけど、形《かたち》のほうはずっと変《か》わらず、先《さき》っぽが小《ちい》さな手《て》の形《かたち》になってます。それで、「だれかの孫《まご》の、かわいい小《ちい》さな手《て》みたいだよね」「孫《まご》にせなかをかいてもらえたら幸《しあわ》せだよね」なんてイメージから、「孫《まご》の手《て》」って呼《よ》ばれるようになったのかと思《おも》う人《ひと》がいるかもしれないけど、じつは、そうじゃないんです。

わたしの名前《なまえ》、もともとは「麻姑《まこ》」という中国《ちゅうごく》の伝説《でんせつ》に出《で》てくる仙女《せんにょ》の名前《なまえ》だったんですよ。仙女《せんにょ》っていうのは女性《じょせい》の仙人《せんにん》のこと。仙人《せんにん》にはおじいさんのイメージがあるけど、麻姑《まこ》はとってもきれいな若《わか》い女性《じょせい》で、鳥《とり》のような長《なが》いつめを持《も》っていたんだって。「あのつめで背中《せなか》をかいてもらったら気《き》もちいいだろうなあ」と

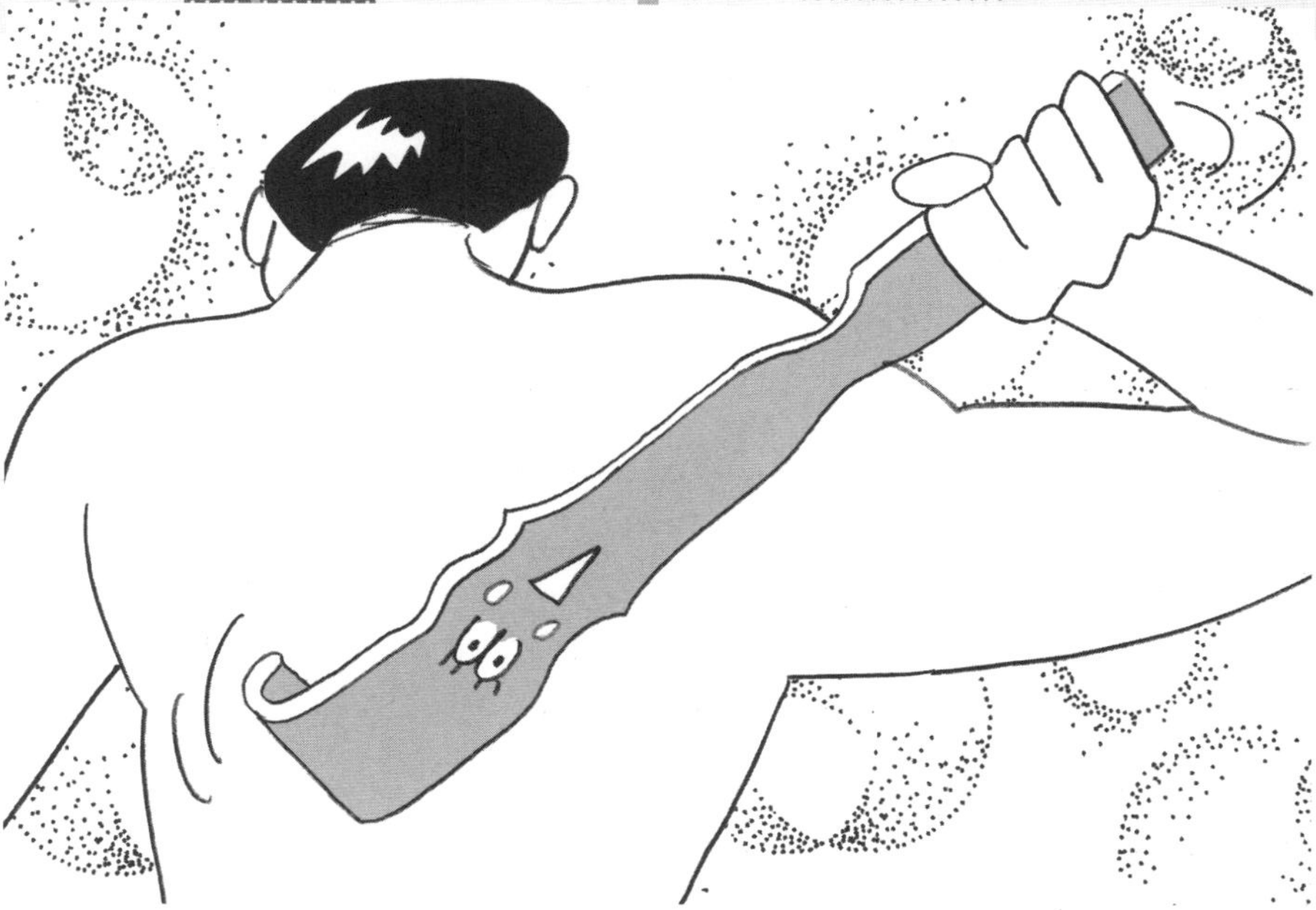

うっかりつぶやいた人《ひと》がいて、それを聞《き》いた麻姑《まこ》が**「なんて失礼《しつれい》な。なんでわたしが人《ひと》のせなかをかかなきゃいけないのよ」**とものすごく怒《おこ》ったんだって。そのエピソードがおもしろおかしく言《い》い伝《つた》えられて、わたしのことを「まこ」と呼《よ》ぶようになったんだそう。

　そして、いつしか日本《にほん》では「麻姑《まこ》」は、音《おと》がにているからか**「孫《まご》」という字《じ》**を当《あ》てられるようになりました。名前《なまえ》はちょっと変《か》わったけど、今《いま》でもわたしはみんなの背《せ》中《なか》をかいて、スッキリさせてるんですよ。

麻姑《まこ》
中国《ちゅうごく》の神話《しんわ》に出《で》てくる仙女《せんにょ》

レベル

クイズ

28 わたしは、人気《にんき》の高《たか》いすい星《せい》です

わたしは、**星《ほし》**です。星《ほし》の中《なか》でも**人《ひと》気《き》の高《たか》いすい星《せい》**のひとつですが、**人《ひと》の名前《なまえ》**をもらってます。ほうきみたいなしっぽを引《ひ》いているので、**ほうき星《ぼし》**ともいわれてます。わたしは、そのすい星《せい》の中《なか》でもいちばん知《し》られた、**それこそ大《だい》スター**なんですよ。

わたしは、**イギリスの天文学者《てんもんがくしゃ》**の名前《なまえ》をもらってます。その人《ひと》は、すい星《せい》について調《しら》べているうちに、**七十六年《ねん》ごとに地球《ちきゅう》に近《ちか》づく**すい星《せい》に気《き》づいちゃったんです。それがわたしで、**１９８６年《ねん》**にわたしがあらわれたときには、**天体望遠鏡《てんたいぼうえんきょう》が飛《と》ぶように売《う》れた**んだって。テレビは何日《なんにち》も前《まえ》からわたしの話題《わだい》でもちきりで、世界中《せかいじゅう》の人《ひと》たちが天気《てんき》を気《き》にしたり、見《み》やすい場所《ばしょ》に出《で》かけたりと大《おお》さわぎだったんですよ。さて、わたしの名前《なまえ》はなんでしょう？

こたえは

「ハレーすい星《せい》」

わたしは、太陽《たいよう》のまわりを回《まわ》る、太陽系《たいようけい》の星《ほし》のひとつ、**すい星《せい》のなかま**です。

わたしの名前《なまえ》は、**「エドモンド・ハレー」**という**イギリスの天文学者《てんもんがくしゃ》**からもらったんだけど、それは、**ハレーの予言《よげん》**が当《あ》たったからなんですよ。

1680年《ねん》、ハレーは大《おお》きなすい星《せい》をたまたま観測《かんそく》したことから、**すい星《せい》のめぐる道《みち》すじ**（軌道《きどう》）を計算《けいさん》することに熱中《ねっちゅう》します。しかし、どうしてもうまくいきません。悩《なや》んだハレーは、このことを**親友《しんゆう》の物理学者《ぶつりがくしゃ》ニュートン**に相談《そうだん》しました。**「万有引力《ばんゆういんりょく》の法則《ほうそく》」**を発見《はっけん》して有名《ゆうめい》になっていたニュートンは、自分《じぶん》の考《かんが》えた計算《けいさん》方法《ほうほう》をハレーにすすめます。それでハレーは軌道《きどう》の計算《けいさん》がうまくいき、過去《かこ》のすい星《せい》の記録《きろく》を調《しら》べたところ**「1531年《ねん》と1607年《ねん》と1682年《ねん》に見《み》られたすい星《せい》は、どれもおなじ軌道《きどう》だ」**と気《き》がつきます。そして「これはおなじすい星《せい》が何回《なんかい》ももどってきたんじゃないのか」と考《かんが》えたんです。そこでハレーは、「このすい星《せい》が次《つぎ》に見《み》えるのは、1758年《ねん》だ」と予言《よげん》しました。そしたらその年《とし》、ほん

1656年《ねん》〜1742年《ねん》

エドモンド・ハレー

イギリスの天文学者《てんもんがくしゃ》・数学者《すうがくしゃ》

とうにわたしがあらわれちゃった。そのときハレーはすでに亡《な》くなってたけど、その研究《けんきゅう》をたたえて、わたしは**「ハレーすい星《せい》」**と名《な》づけられたんです。ハレーの地道《じみち》な努力《どりょく》とニュートンの友情《ゆうじょう》によって、わたしは見《み》つけられたんですよね。

さて、いちばんさいきんに見《み》られたハレーすい星《せい》は、1986年《ねん》でした。**次《つぎ》に見《み》られるのは2061年《ねん》**の夏《なつ》なんだって。みなさんはそのころなん歳《さい》で、どこでわたしを見《み》るんでしょうね。

レベル

クイズ 29

わたしは、よくない意味《いみ》の言葉《ことば》です

わたしは、**言葉《ことば》**です。言葉《ことば》なんですが、なぜかわたしは、**人《ひと》の名前《なまえ》**をそのまんまもらっているんですよね。わたしは、いろんなものがまじって、**混《こん》ざつしているようす**をあらわします。「**もめごと**」や「**あらそい**」の意《い》味《み》もあります。なんだかよくない意《い》味《み》ばかりですが、それはわたしに名《な》前《まえ》をくれた人《ひと》のせいなんです。

その人《ひと》は**中国《ちゅうごく》からきたお坊《ぼう》さん**なんだけど、話《はなし》がまわりくどくて、よくわからなかったんだって。せっかくえらいお坊《ぼう》さんを中国《ちゅうごく》から呼《よ》んだのに「**なにを言《い》ってるのか、わけがわかんないよ**」とみんな困《こま》っちゃった。それで、そんな混乱《こんらん》したようすをお坊《ぼう》さんの名前《なまえ》で言《い》うようになって、わたしという言《こと》葉《ば》が生《う》まれたんです。さて、わたしは、なんという言《こと》葉《ば》でしょうか？

こたえは

「ごたごた」

わたしは「ごたごた」という言葉《ことば》です。鎌倉時代《かまくらじだい》に、中国《ちゅうごく》から日本《にほん》にやってきた「兀庵普寧《ごったんふねい》」というお坊《ぼう》さんの名前《なまえ》から生《う》まれた言葉《ことば》なんですよ。

兀庵《ごったん》の話《はなし》は、むずかしいうえにまとまりもなくて、なにをいっているのか、ちんぷんかんぷん。中国《ちゅうごく》からえらいお坊《ぼう》さんがきたというので、よろこんで集《あつ》まった人《ひと》たちは、がっかりしちゃったそう。それで散《ち》らかっていたり、混乱《こんらん》したりしていることを、兀庵《ごったん》の名前《なまえ》にちなんで「ごったんごったん」というようになり、それがいつしか短《みじか》くなって、「ごたごた」になっちゃったそうです。

しかもこの兀庵《ごったん》さん、自分《じぶん》の考《かんが》えを曲《ま》げないものだから、ほかのお坊《ぼう》さんともめごとが多《おお》くて、周囲《しゅうい》はいつも大混乱《だいこんらん》になっちゃう。さらには、お寺《てら》を建《た》てている最中《さいちゅう》に突然中国《とつぜんちゅうごく》に帰《かえ》ってしまったので、のこされた人《ひと》たちは、ほんとに困《こま》っちゃったんだって。まさに兀庵《ごったん》さんは、「ごたごた」を起《お》こして、たった六年《ねん》で去《さ》っていったのでした。

1197年《ねん》〜1276年《ねん》

兀庵普寧《ごったんふねい》
中国《ちゅうごく》（宋《そう》の時代《じだい》）のお坊《ぼう》さん

そんな困《こま》ったエピソードから生《う》まれたわたし、「話《はなし》がごたごたになってしまった」「いつまでもごたごたいわないでよ」なんていうふうにつかわれます。「あの家《いえ》はごたごたが多《おお》い」というように「あらそいごと」の意味《いみ》になったり、人《ひと》でいっぱいのようすを「通《とお》りがごたごたしている」なんていうふうにいったりもします。ほかにも、いろんな材料《ざいりょう》を入《い》れていっぺんに煮《に》る料理《りょうり》を「ごった煮《に》」なんていうし、ほんとにわたし、ごたごたといろんな意味《いみ》で使《つか》われているんですよね。

レベル

クイズ
30 わたしは、とっても大《おお》きな犬《いぬ》です

わたしは、犬《いぬ》です。スイス生《う》まれのとっても大《おお》きな犬《いぬ》なんですが、人《ひと》の名前《なまえ》をいただいてます。盲導犬《もうどうけん》とか警察犬《けいさつけん》みたいな働《はたら》く犬《いぬ》として、わたしはきびしい訓練《くんれん》を受《う》けてきました。もともと寒《さむ》さに強《つよ》くて鼻《はな》がよくきくわたしは、雪山《ゆきやま》で活動《かつどう》をするのにぴったりです。首《くび》にお酒《さけ》の入《はい》ったたるをぶらさげて、雪山《ゆきやま》へ出動《しゅつどう》するわたしのイラストなんか、見《み》たことあるんじゃないかな。

そんなわたしは、アルプス山脈《さんみゃく》の峠《とうげ》の修道院《しゅうどういん》で、人《ひと》を助《たす》けるためのとくべつな犬《いぬ》になるように育《そだ》てられました。その峠《とうげ》と修道院《しゅうどういん》にはひとりの聖人《せいじん》の名《な》がつけられていて、それで、わたしもその聖人《せいじん》の名前《なまえ》をそのまつけられたんです。さて、わたしの名前《なまえ》はなんでしょう?

こたえは

「セントバーナード」

わたしは、**「セントバーナード」**というしゅるいの犬《いぬ》です。大人《おとな》になると**体重《たいじゅう》が百キロ**にもなる、**世界一《せかいいち》でっかい犬《いぬ》**です。

スイスとイタリアの国境《こっきょう》にある**「サン・ベルナール峠《とうげ》」**の**「サン・ベルナール修《しゅう》道院《どういん》」**で、わたしは寒《さむ》さに強《つよ》い犬《いぬ》になるよう育《そだ》てられました。雪《ゆき》のアルプスで遭《そう》難《なん》した人《ひと》や、なだれで雪《ゆき》に埋《う》まった人《ひと》を探《さが》して助《たす》けるためです。

峠《とうげ》も修道院《しゅうどういん》もおなじ名《な》なのは**「サン・ベルナール」**という**修道士《しゅうどうし》**から名前《なまえ》をもらったからです。ベルナール修道士《しゅうどうし》はこの峠《とうげ》に修道院《しゅうどういん》をつくり、遭難《そうなん》した人《ひと》を助《たす》けて聖人《せいじん》とされました。それで峠《とうげ》と修道院《しゅうどういん》、さらには修道院《しゅうどういん》で**山岳救助犬《さんがくきゅうじょけん》**として育《そだ》てられたわたしにも、おなじ名《な》がつけられたのです。「セントバーナード」は「サン・ベルナール」を英語《えいご》でよんだ名前《なまえ》です。

昔《むかし》、この峠《とうげ》はとても重要《じゅうよう》な道《みち》でしたが、**一年《ねん》のほとんどが雪《ゆき》**で馬《うま》がつかえず、歩《ある》いてアルプスの山《やま》をこえなきゃならなかったため、**遭難《そうなん》する人《ひと》が多《おお》かった**そう。記《き》

録《ろく》では、わたしは三百年《ねん》の間《あいだ》に二千人以《にんい》上《じょう》の人《ひと》を助《たす》けてるんですよ。すごいでしょ。

なかでも有名《ゆうめい》なのはバリーという犬《いぬ》で、一生《いっしょう》の間《あいだ》に四十人《にん》もの命《いのち》を救《すく》いました。雪《ゆき》に埋《う》もれた少年《しょうねん》を掘《ほ》り起《お》こしたこともあったんだって。りっぱな働《はたら》きをしたバリーだけど四十一人目《にんめ》を助《たす》けに行《い》くとちゅう、オオカミとまちがえられて鉄砲《てっぽう》でうたれ、命《いのち》を落《お》としてしまいました。人《ひと》びとはとても悲《かな》しんで、峠《とうげ》にバリーの銅像《どうぞう》を建《た》てました。伝説《でんせつ》のヒーロー犬《けん》は置物《おきもの》にもなり、今《いま》も峠《とうげ》のみやげ物屋《ものや》さんに並《なら》んでいます。

ベルナール・ド・マントン
（サン・ベルナール）
キリスト教《きょう》の修道士《しゅうどうし》

企画・監修　倉本美津留（くらもとみつる）

1959年広島県生まれ、大阪府育ち。放送作家・絵本作家。手がけている番組『M-1グランプリ』『ダウンタウンDX』『漫勉』『怖い絵本』『藤子・F･不二雄SF短編ドラマ』など。これまでの仕事に『ダウンタウンのごっつええ感じ』『一人ごっつ』『伊東家の食卓』『たけしの万物創世記』Eテレ・子ども番組『シャキーン』ほか。

近著に『ことば絵本 明日のカルタ』（日本図書センター）、『現代版判じ絵本 ピースフル』（本秀康との共著／文藝春秋）、『倉本美津留の超国語辞典』（朝日出版社）、『ねこのたまたま』（絵・いぬんこ／好学社）、『はじめての大喜利えほん ぱんだ』（ポプラ社）、『パロディスム宣言 笑い伝道師の名画鑑賞術』（美術出版社）、『びこうず』（ワニブックス）、監修「お笑いえほん」シリーズ、「つくろう！なぞなぞ　にゃんたとことばあそび」シリーズ（岩崎書店）など。

クイズ作成　上田るみ子（うえだるみこ）

福島県いわき市生まれ。美術雑誌の編集、女性誌のライター、ショートアニメ（NHK Eテレ）の脚本執筆を経て、児童書に携わる。児童書の仕事に『ちびまる子ちゃんのなぞなぞ1年生』『ちびまる子ちゃんのなぞなぞ365日』など、なぞなぞのシリーズ5冊、『ちびまる子ちゃんのまちがいさがし』『ちびまる子ちゃんのめいろあそび』『ちびまる子ちゃんの手作り教室』（以上集英社）、『ちんしもっこう なぞなぞこびとづかん』（ロクリン社）、「つくろう！なぞなぞ　にゃんたとことばあそび」シリーズ（岩崎書店）など。

イラスト　タナカカツキ

1966年大阪府生まれ。1985年マンガ家デビュー。著書には『オッス！トン子ちゃん』（扶桑社）、『サ道』（PARCO出版）、天久聖一との共著『バカドリル』（扶桑社）などがある。ほかにカプセルトイ「コップのフチ子」の企画原案、サウナ特化型施設「渋谷SAUNAS」のプロデュースなど。
www.kaerucafe.com/

読者《どくしゃ》のみなさまへ

ひとつの言葉《ことば》の由来《ゆらい》を調《しら》べると、さまざまな説《せつ》があることに気《き》がつきます。
本書《ほんしょ》に収録《しゅうろく》されている語源《ごげん》も、諸説《しょせつ》あるなかの一部《いちぶ》にすぎません。
気《き》になる人《ひと》は、ぜひほかの語源《ごげん》も調《しら》べてみてください。